AF531933

Sofia May

Grübeln STOPPEN

Raus aus der Grübelfalle

Wie Sie ab sofort das Gedankenkarussel in Ihrem Kopf beenden und endlich wieder ein unbeschwertes Leben ohne negative Gedanken führen

INHALT

Der Begriff des Grübelns

Viele Themen werden in diesem Buch angesprochen. Es soll auf jeden Fall eine Inspirationsquelle für jeden sein. Das Thema des Grübelns kann natürlich auch hier nicht in vollem Umfang ausgeschöpft werden. Angesprochen werden unter anderem: Die Grauzone des Grübelns, der Begriff des Grübelns, Tipps für die schnelle Hilfe, die Homöopathie, die Kunst, der Sport, die Sucht und das Grübeln, Medikamente und Ernährung, die Meditation, die Zirbeldrüse im Fokus, das Fasten, der Magen-Darm-Trakt und unsere Psyche, Religiosität und neue Wege mit Übungen.

Jeder, der sich für das Thema interessiert, weil er - oder jemand anderes - vielleicht sogar betroffen ist, sollte sich auch selbst mit vielen Informationen ein eigenes Bild von der Problematik machen.

SELBSTHILFE UND DIE GRAUZONE DES GRÜBELNS

Vorab sei gesagt, wenn Sie das Gefühl haben, dass Sie durch übermäßiges Grübeln mit Ihrer persönlichen Situation nicht fertig werden, dann ist es auf jeden Fall ratsam, sich Hilfe zu holen. Selbstcoaching oder Selbstmanagement hin oder her: Sie brauchen in kritischeren Situationen sowieso immer andere Menschen, um über das eigene Wohlbefinden zu reden.

Ob das nun in vorübergehenden Lebensabschnitten Freunde oder Bekannte sind oder im extremeren Fall Therapeuten oder Psychologen, hängt davon ab, wie weit Sie vielleicht von einer Depression entfernt sind.

Das alles ist nicht so schlimm; schlimmer ist, wenn man sich keine Hilfe holt. Das ist das einfache Geheimnis, das es tatsächlich in unserer modernen Gesellschaft gibt. Wir wollen alles allein meistern, dabei machen in Wirklichkeit immer diejenigen die größten Fortschritte, die ihre Gefühle und das Befinden vor anderen offenlegen.

Aber das Thema dieses Buches ist nicht das krankhafte Grübeln, obwohl es hier auch aus wissenschaftlicher Sicht eine absolute Grauzone gibt. Es geht um das „Wehret den Anfängen"! Wie können Sie rechtzeitig erkennen, ob die eigene „Grübelei" etwas Ungewöhnliches hat oder eben ganz normal ist? Und wenn man dennoch eine Tendenz zum vermehrten Grübeln hat, wie man diesem Denken entgegenwirken kann.

Je eher Sie sich mit dem Thema befassen, desto leichter ist es, sich aus dieser Krise wieder herauszuarbeiten. Und dennoch müssen auch die Übergänge zur Depression das Thema sein, denn jeder befindet sich, wenn er zum vermehrten Grübeln neigt, irgendwo innerhalb dieser Grauzone, zwischen normalem Grübeln und dem pathologischen oder krankhaften Grübeln.

Aber auch so lohnt es sich für jeden, sich mit diesem Thema zu beschäftigen. Denn jede kritische Situation im Leben hat auch immer etwas mit Aufbruch oder Veränderung zu tun. Zum Beispiel berichten viele Menschen aus Selbsthilfegruppen, dass sich ihr Leben in vielerlei Hinsicht zum Positiven verändert hat, sei es nun die Gruppe für Süchtige, Krebskranke, psychisch Kranke oder für Trauernde.

Das Klischee der lamentierenden und voller Probleme beladenen Teilnehmer ist völliger Unsinn. Im Gegenteil: Sogar die meisten Ärzte sind erstaunt über die Erfolge solcher Gruppen. Selbst bei schwersten Erkrankungen kann sich eine Besserung einstellen. Und auch, wenn Sie überhaupt keine Probleme mit dem Grübeln haben, also diesem auch überhaupt keine Aufmerksamkeit bzw. Bedeutung in Ihrem Leben beimessen, so ist alles „Unnormale" selten von uns weit entfernt. Wie leicht rutscht man in eine Sucht, wird man chronisch krank oder fängt eben das Grübeln an?

Die Gesprächsqualität in einer Selbsthilfegruppe ist ungemein hoch. Wer es nicht kennt, macht sich gar keine Vorstellung von der Art und Weise, wie hier miteinander umgegangen wird. Schnell verliert man sowieso die Angst, vor anderen zu sprechen. Diese Hürde ist immer, sich zu dem Besuch einer solchen Gruppe zu überwinden; auch überhaupt erst einmal dort hinzugehen. Aber diese Angst ist immer unberechtigt. Jeder ist Betroffener und weiß, wovon der andere redet.

In einer Gruppe spürt man immer eine große Erleichterung, wenn man von seinem Leben berichtet. Man ist nicht mehr allein mit seinem Problem. Dazu kommt, dass die eigene Situation plötzlich vor einem „ausgebreitet liegt“ und damit schon mal seine Bedrohlichkeit verliert.

Auch schauen wir in der Gruppe fast wie ein Fremder auf unsere Gefühle und Gedanken und haben dadurch einen gewissen Abstand zu den Komplikationen. Wir spüren, dass unsere Reaktion auf die Lebenssituation meist überzogen ist. Die Lösung der Probleme liegt viel näher, als wir vermutet haben. Selbsthilfegruppen berichten auch darüber, dass solche wöchentlichen Gespräche für jeden Teilnehmer ein Übungsfeld darstellen.

Dann geht es letztlich gar nicht mehr um die speziellen Probleme, sondern darum, in Gesprächen zu erfahren, wie man in vielen Bereichen leichter zurechtkommt, seien es Komplikationen in der Familie, in der Beziehung, mit den Kindern oder im Beruf. Die Gemeinschaft der Betroffenen schaut sozusagen mit einer unerklärlichen Weisheit „von oben“ auf das Labyrinth unseres Lebens hinunter. Wir erkennen selbst gar nicht, wo wir uns genau befinden, die Gemeinschaft der „Gleichgesinnten“ erkennt es aber sehr wohl.

Es ist nicht zwingend notwendig eine Gruppe in diesem Fall zu besuchen, zumal es hier nur um das vermehrte Grübeln geht. Lassen Sie sich auf keinen Fall beirren! Eine Krise ist immer eine große Chance, egal, wie die Gesellschaft darüber denkt. Es ist nicht so, wie es scheint. Sagte doch schon **J.W. von Goethe**:

„Auch aus den Steinen, die mir der Gegner in den Weg legt, kann ich Schlösser bauen.“

Und das ist nicht nur so daher gesagt. Das Leben selbst legt uns oft Steine in den Weg, damit wir vielleicht aufwachen. Und die Selbsthilfegruppen seien hier deshalb erwähnt, weil genau dieses „sich Hilfe holen“ bei uns in der Kultur fast untergegangen ist und man die Scheu vor Gesprächsrunden wirklich verlieren sollte. Sie sollten solche Wege in keinem Fall ausschließen.

Stellen Sie sich einen Bankdirektor in einem Kreis von Betroffenen vor. Wie schön ist es doch, wenn wir wieder zusammenkommen. Ob arm, ob reich, ob jung oder alt, ob weiß oder schwarz. Das ist es dann oft, was unseren Willen befeuert und unser Leben in eine ganz neue Richtung lenkt, das Außergewöhnliche, das Unbekannte, das Ergreifende. Und wie sagte Novalis so schön: „Mach dein Leben zu einem Roman!" Die Selbsthilfegruppen sind einfach deshalb erwähnt, weil sie uns in jeglichen problematischen Bereichen des Lebens weiterhelfen können. Das darf von jedem Einzelnen nicht übersehen werden.

DIE GROBE DEFINITION DES GRÜBELNS

(A) Grübeln ist eine bestimmte Form des Nachdenkens, die aber nicht dazu führt, dass eine Lösung gefunden wird. Es geht dabei um mehrere Themen oder um ein spezielles Problem. In der Wissenschaft, der klinischen Psychologie, werden dabei zwei verschiedene Kategorien angegeben: Das Grübeln, das sich auf die Vergangenheit bezieht, und das, welches zukunftsbezogen ist.

Die dabei auftretenden Gefühle sind meistens negativ. Das Grübeln wird von depressiven Emotionen begleitet, dagegen gehen die Sorgen des Menschen mit angstvollen Gefühlen einher. Interessant ist dabei noch die Definition der Angst. Bei den Klassikern, zum Beispiel Kierkegaard, wird die Angst und die Furcht unterschieden.

Kierkegaard sagt: Die Furcht ist immer konkret, z. B. ein wildes Tier, und die Angst ist immer ein diffuses Gefühl. Ein anhaltendes Grübeln kann letztlich in eine Krankheit münden. Beim Grübeln wird immer die naheliegende Lösung verworfen.

Gibt es sogar mehrere Lösungen für das Problem, kommt derjenige trotzdem nicht zum Ziel, da es ihm als äußerst schwierig erscheint, sich für eine Lösung, oder eben die richtige Lösung, zu entscheiden. Der Mensch ist dann in seinen Gedankenkreisen wie gefangen, ohne aus diesem Grübeln wieder hinauszukommen. Themen des Grübelns sind grob betrachtet: die Einschätzung der eigenen Person, bestimmte Konflikte, der Sinn des Lebens, die Zukunft, die Vergangenheit, Entscheidungen und die eigene Leistung.

Auf einen Punkt gebracht kann man das **Grübeln** somit folgendermaßen **definieren: „Die Suche ins Leere, die fortgesetzt wird, obwohl Lösungsmöglichkeiten vorliegen."**

Entstanden ist der Begriff „Grübeln" wohl aus dem Wort „Graben". Denn man verband mit dieser Art des Denkens ein „unermüdliches sich Vorarbeiten in die Tiefe". Das Grübeln stellt eine Grauzone dar, denn der Übergang zur krankhaften Grübelei ist fließend, auch abhängig von der psychischen, individuellen Konstitution des Menschen.

DAS GRÜBELN AUS KLINISCHER SICHT

(B) Jetzt betrachten wir die Thematik aus klinischer Sicht. Dies soll Sie als Leser nicht dazu animieren, das eigene Grübeln nun gleich als krankhaft zu beurteilen. Es geht nur darum, dieses für viele unbekannte Felder der Psyche abzustecken und sich Gedanken über das eigene Verhalten zu machen. Man kann sich selbst dann viel besser einschätzen und eventuellen Anzeichen eines vermehrten Grübelns Gegenschub leisten, wie immer das dann auch im Einzelnen aussehen mag.

Dr. Teismann berichtet aus klinischer Sicht vom Stand der Wissenschaft über das Thema „Grübeln": Grübeln an sich ist nicht unnormal für uns im Leben. Nur das krankhafte Grübeln sollte uns zu denken geben. Es gibt **keine einheitliche Definition**.

Das krankhafte Grübeln kann man nur umschreiben. Es ist ein immer wiederkehrendes Nachdenken, meist auf die Vergangenheit bezogen. Warum bin ich so? Warum sehen mich die Menschen so? Warum ist dieses oder jenes in meinem Leben so gelaufen? Diese Fragen sind meist analytischer Natur. Wird gegen die fortdauernde Grübelei nicht angegangen oder solche nicht als eine Gefahr erkannt, kann daraus eine psychische Erkrankung resultieren. Grübeln hat auch immer einen hohen Selbstbezug, das heißt, man beschäftigt sich immer mit einem Problem, das direkt oder eben indirekt mit einem selbst zu tun hat. Immer hat die Grübelei etwas mit einer kritischen Wertung zu tun. Aber Grübeln ist, wie gesagt, auch etwas ganz Normales und hat vom Grundsatz her nichts Pathologisches. Wann dieser Vorgang krankhaft wird, muss auch jeder individuell für sich herausfinden. Es gibt da keine exakte Trennlinie; es ist eben ein fließender Übergang. Selbst den Unterschied zwischen dem Grübeln und dem Nachdenken kann man nicht eindeutig festlegen. Grübeln ist eher kritisch und abstrakt, wogegen funktionales Nachdenken anders abläuft und doch eher zukunftsorientiert ist. Ein Ziel wird konkret gesucht und wir haben auch die Chance einer Problemlösung.

Das Grübeln, „Rumination“ ist der Fachbegriff im Englischen dafür, was zu Deutsch „Wiederkäuen“ bedeutet (oder “ruminare“ im Lateinischen); denn es sind wie beim Wiederkäuen Gedankenschleifen da, die sich immer weiter wiederholen, ohne dass etwas „Neues“ dazukommt.

Untersuchungen haben gezeigt, dass natürlich viele auch in der Nacht grübeln, wenn sie wach sind. Aber tatsächlich findet das häufigste Grübeln am Morgen statt. Frauen grübeln viel mehr als Männer, dass zeigen sämtliche Studien aus aller Welt.

Beim krankhaften Grübeln, also hinsichtlich der klinischen Untersuchungen, ist dann aber kein Unterschied zwischen Männern und Frauen mehr auszumachen. Eher erstaunlich ist auch, dass jüngere Menschen mehr grübeln als ältere.

Will man erkennen, ob der Einzelne zum krankhaften Grübeln neigt, muss man auf die auftretenden Folgen seiner Denkprozesse schauen. Zum einen kann es einfach quälend sein, wenn ich immer wieder in solchen „Denkschleifen“ festhänge, und zum anderen können sich daraus aber auch verschiedene krankhafte Symptome ergeben, wie depressive Stimmungen und Ängste. Das sind dann schon Konsequenzen aus unserem extremen Grübeln. Genau das ist dann auch oft der Punkt bei den Betroffenen, an dem sie sich Hilfe holen.

Die Menschen suchen in dieser Situation oft nach möglichen Strategien, um diesem Teufelskreis zu entgehen, oder aber sie wenden sich gleich für eine Behandlung an einen Therapeuten. Neueste Erkenntnisse belegen, dass man aber nicht aus einer schlechten Stimmung heraus grübelt, wie man vielleicht annehmen könnte; und wenn die Stimmung sich bessert, würde man dann aufhören, zu grübeln. Das ist tatsächlich genau andersherum: Das Grübeln ist ein Beschleunigungsfaktor für das Eintreten getrübter Stimmungen.

Damit ist das Grübeln ein Risikofaktor, welcher uns in verschiedene psychische Erkrankungen hineinrutschen lassen kann. Depressive Störungen stehen hier an erster Stelle. Traumatische Erfahrungen - zum Beispiel, wenn man Opfer eines Verbrechens geworden ist oder einen schweren Verlust erlitten hat - führen häufig zu posttraumatischen Belastungsstörungen. Der Betroffene grübelt dann vermehrt, beispielsweise: „Warum ist das gerade mir passiert?“ oder „Wie kann ich mein Leben wieder in eine normale Bahn lenken?“ Also können aus dem Grübeln psychopathologische Belastungen entstehen.

Die Inhalte, um die sich unser Grübeln dreht, sind eher unwichtig. Die Art der gedanklichen Auseinandersetzung mit den Themen ist dafür ausschlaggebend. Was kann man nun tun?

Als Erstes sollten Protokolle geschrieben werden. Welches sind die Auslöser für mein Grübeln? Welche Situationen sind ausschlaggebend? Je früher man sich damit auseinandersetzt, desto besser ist es.

Viele Betroffene berichten davon, dass ihnen die Grübelei gar nicht bewusst war. Dazu kommt noch, dass einem sogar in der Situation des Grübelns bzw. direkt danach (man hat vielleicht eine halbe Stunde damit zugebracht) überhaupt nicht klar ist, was man da gerade gemacht hat. Es ist wie ausgelöscht oder eben unterdrückt. Je länger man das Stoppen einer krankhaften Grübelei hinauszögert, desto schwieriger wird es, sich daraus wieder hinauszuarbeiten.

Zu vermeiden ist dabei auch das „Grübeln über das Grübeln“, was einen dann ja schon verzweifeln lässt. Der „Gedankenstopp“ ist deshalb auch ein wichtiges Thema im Zusammenhang mit dem Grübeln. In einfachen Fällen mag dieser „Stopp der Gedanken“ schon funktionieren. Läuft es aber auf eine Gedankenunterdrückung hinaus, hat man diesbezüglich andere Erkenntnisse erlangt. Denn eben in der beschriebenen negativen Stimmung funktioniert diese Technik nicht.

Das **klassische Beispiel** ist hier, dass man einem Probanden instruiert, dass er sich einen rosa Elefanten vorstellen soll. Jetzt soll er seinen Gedanken eine Minute lang freien Lauf lassen, ohne dabei jedoch nur eine Sekunde an einen rosa Elefanten zu denken. Doch in dieser Minute erscheint den Versuchspersonen unweigerlich ständig der rosa Elefant vor ihrem geistigen Auge. Also schon bei so einfachen Aufgaben versagt die Kontrolle über unsere Gedanken.

Viel schwieriger oder geradezu unmöglich wird es dann bei gravierenden Aufgabenstellungen hinsichtlich der Kontrolle über unsere Gedankenwelt. Nutzt man jetzt den Gedankenstopp für eine Beendigung der Grübelei, führt das eben oft genau in die Richtung der Methode der Gedankenkontrolle und wir rutschen in einen „Aufschaukelungsprozess“ hinein. Deshalb ist von solchen Techniken eher abzuraten.

Eine neue Form der Behandlung ist die ***Metakognitive Therapiestrategie nach Wells**. Diese geht davon aus, dass man zum Grübeln dadurch verführt wird, dass man sich davon irgendetwas verspricht. „Ich kann mich dann besser verstehen“, lautet dann eine Aussage, oder „Ich kann endlich ein Problem lösen". Erwartungen werden dadurch in den Prozess des Grübelns hineingebracht. Der Mensch meint, dass das Grübeln - gleichgestellt dem Nachdenken - für ihn hilfreich sein kann.

Man denkt dabei, wie oben schon erwähnt, über das Denken nach, was man als metakognitiv bezeichnet. Das Grübeln wird erst vom Betroffenen als positiv bewertet, da er sich einen Erfolg verspricht. Während des Grübelns aber kippt dann diese positive Bewertung und man ist eher verzweifelt darüber, dass das Grübeln zu keinem Ergebnis führt. Dann folgen negative Befürchtungen über unseren psychologischen Zustand und es führt uns immer mehr in eine Hilflosigkeit.

Die Frage ist, ob man die positive Erwartung des Patienten nun verändern kann. Der Betroffene sollte eine Einsicht in den Prozess des Grübelns vornehmen. Der zweite Ansatz ist immer das Eingehen auf die Befürchtungen, die derjenige sich ausmalt. Stimmen diese Einschätzungen auch mit der Realität überein?

---

*(Diese Therapie wurde von Adrian Wells entwickelt und setzt ihren Fokus auf die Achtsamkeit. Nicht die Inhalte der Gedanken führen zur Depression, sind also daher völlig zu vernachlässigen, sondern der Umstand, dass man diesen negativen Einflüssen zu viel Bedeutung zuschreibt. Es geht also um die Achtsamkeit in diesen Bereichen bzw. um die Nicht-Beachtung. Im normalen Leben geben wir solchen Gedanken ja auch nur wenig Platz. Sie sind zwar kurz da, aber auch schon gleich wieder weg, da wir sie einfach nicht wichtig nehmen. Adrian Wells ist 1962 geboren und ein klinischer Psychologe aus Großbritannien. Heute lehrt er an der University of Manchester und doziert auch an der Technisch-Naturwissenschaftlichen Universität Norwegens.)

In diesem Zusammenhang führt man dann Übungsprozesse aus, sodass der Patient bestimmte Aktionen durchführt, die dann das Grübeln ersetzen. Achtsamkeitstraining ist dann das nächste Stichwort. Worauf konzentriere ich mich gerade? Worauf möchte ich mich nicht konzentrieren? Hier kommen Trainingsübungen mit Geräuschen zum Einsatz. Diese Geräusche müssen als Erstes einmal unterschieden werden. Hierzu werden etwa 10 verschiedene Geräusche eingespielt. Jetzt soll sich der Proband auf ganz spezielle Geräusche konzentrieren. Später soll er dann in der Lage sein, mehrere Geräusche (bzw. so viele wie möglich) auf einmal wahrzunehmen. Obwohl diese Technik ungewöhnlich klingt, haben viele Patienten dadurch durch diese Übungsschritte eine Kontrolle über ihre Gedanken der

Achtsamkeit erlangt. Achtsamkeitsbasierende Ansätze kommen in Therapien ebenso zum Einsatz wie die herkömmlichen und oft als veraltet geltenden Aufmerksamkeitsübungen. Hier gibt es demzufolge sehr viele Überschneidungen. Durch die Meditationen in den Aufmerksamkeitsübungen erlangt man zum Beispiel auch Fähigkeiten, die einem in der Achtsamkeitstherapie sehr gut weiterhelfen können.

Wie mit allen Gewohnheiten in unserem Leben kann es einen langen Atem brauchen, um uns aus dem krankhaften Grübeln wieder herauszuarbeiten. Man sagt zum Beispiel, dass eine neue Gewohnheit etwa 100 Durchläufe braucht, um sich bei uns zu etablieren. Diese Aussagen wurden von Dr. Teismann im Rahmen eines Interviews gemacht. Dort ging es um das depressive Grübeln. Zum einen wurde die *Ätiologie erörtert und zum anderen die Behandlung solcher Störungen.

*(Die Ätiologie ist allgemein die Lehre von den Ursachen. Im medizinischen Bereich sind damit natürlich die Krankheiten gemeint, der „zugrunde liegende ursächliche Zusammenhang". Die Pathogenese beschäftigt sich im Gegensatz dazu mit der Entstehung und Entwicklung von Krankheiten (aus eben diesen Ursachen)).

Nehmen Sie das Grübeln aber auch nicht zu ernst! Diese Definitionen der Wissenschaftler sind nur eine Eingrenzung der Thematik. Es kann nicht der Sinn sein, über das Grübeln zu grübeln. Nehmen Sie sich nur so viel aus diesem Buch heraus, wie Sie es für sich selbst nutzen können. Ein „zu viel" ist nicht sinnvoll, genauso wie ein „zu wenig". Wichtig ist eher, dass die Ideen gleich in die Tat umgesetzt werden. Ob Sie nun Wochen, Monate oder Jahre brauchen, ist dabei tatsächlich völlig unwichtig. Oft brauchen wir 547 Anläufe, um eine bestimmte Hürde zu überwinden. Wer dabei zuschaut, wird unweigerlich mit dem Kopf schütteln. Aber genau da liegt der Fehler! Wir brauchen die vielen Anläufe, denn der Zeitpunkt muss der richtige sein. Wenn man dann vor der Hürde steht, wird einem bewusst, dass man immerhin schon 547 Anläufe gemacht hat. Und plötzlich ist der Tag gekommen, an dem ich hinüberspringe, weil ich keine Lust mehr habe, ständig das Gleiche zu versuchen.

GRÜBELN IN UNSERER MODERNEN GESELLSCHAFT

Auch Zeitungen beschäftigen sich natürlich mit dem Thema Grübeln. In der Süddeutschen Zeitung erschien dazu folgender Beitrag:

(C) Ein Kulturwissenschaftler der Freien Universität Berlin verrät, dass es eigentlich **3 Phasen in der Geschichte zu diesem Begriff** gibt.

In der deutschen Romantik war das Grübeln eine Art Mode. Dichter wie Clemens Brentano wollten mit dieser Methode zum Grund der Seele vordringen. Dabei wurden oft bildhafte Vergleiche mit den Höhlen in der Tiefe unserer Erde gezogen. Es war der Mikrokosmos in unserem Innern, der so viele Geheimnisse verbirgt. Auf dessen Kristallgrund wollte man sich vorarbeiten. Eine Selbstversunkenheit und romantische Sehnsüchte waren mit diesem Vorhaben verbunden.

Die **zweite Phase** vollzog sich **zur Gründerzeit**. Jetzt wurde von Ärzten und Psychiatern das Grübeln zur Krankheit erklärt. Die Diagnose lautete „Zwangsvorstellung in Frageform“.

Diese Feststellung machte Carl Westphal im Jahre 1877. Siegmund Freud ordnete dann in den folgenden Jahren das Grübeln in eine Spielart der Hysterie ein. Am Ende des 20. Jahrhunderts nannte man den Begriff im Zusammenhang mit Depressionen. Neuropsychologische Studien sollten zeigen, dass das Grübeln zum einen als Auslöser von Depressionen fungieren kann und zum anderen ein Symptom der Depression ist. Das Grübeln blieb also selbst als Begriff weiterhin umstritten. Im romantischen Sinne ist es eine Denkweise, die versucht, den Dingen auf den Grund zu gehen.

Im heutigen medizinischen Sinne heißt es, sich ziellos im Kreis zu drehen. Depressive grübeln tatsächlich manchmal vier bis sechs Stunden am Tag. Sie sind dann in einem Gedankenkarussell, das scheinbar keinen Ausgang hat. In therapeutischen Einrichtungen findet man dann Grübel-Gruppen. Dort wird mit verhaltenstherapeutischen Mitteln gearbeitet. Paradox, aber wirksam: Grübeln Sie einfach nur zu bestimmten Zeiten, z. B.

um 10:30 Uhr. Und dann wird diese Zeit auch noch begrenzt, also in einem festen Rahmen gehalten. Dadurch erfahren die Betroffenen mit der Zeit, dass sie Macht über diese Angewohnheit erlangen können. Zudem hinterfragen die Patienten mehr und mehr ihr eigenes Denken.

Für gewöhnlich akzeptieren wir alles, was in unserem Kopf vorgeht, weil wir es ja denken. Doch man hat tatsächlich die Wahl, den Gedanken zu folgen oder aber nicht. Ebenfalls eine gute Definition des krankhaften Grübelns ist, dass es immer dann schädlich ist, wenn es keinen Handlungsbezug oder Problemlösungsbezug gibt.

Andererseits versuchen wir in der heutigen Zeit, so wenig wie möglich nachzudenken und haben dafür ein Arsenal an Ablenkungsmöglichkeiten zur Verfügung. Fernsehen, soziale Medien, Internetspiele, Internetchats, Messenger, Telefon usw. Damit meinen wir sogar, uns vom depressiven Grübeln ablenken zu können, landen aber früher oder später immer wieder bei dem gleichen Problem.

Noch vor nicht allzu langer Zeit gab es häufig Phasen im Tagesablauf, in denen Stille herrschte und man gezwungen war, ein wenig in sich zu gehen. Das Grübeln-Vermeiden, könnte man sagen, hat daher sozusagen auch das Nachdenken verschwinden lassen. Spricht man in unserer Gesellschaft solch ein Thema an, rollen alle Anwesenden meist mit den Augen. Das hat schon wirklich etwas Tragisch-Komisches.

Der Widerstand der eigenen Bequemlichkeit müsste überwunden werden und von der jahrelangen „Gehirnwäsche“, der wir fast zwangsweise ausgeliefert sind, sollten wir befreit werden. Vielleicht sollte sich der Einzelne wieder mehr auf sein Bauchgefühl verlassen, viele sagen auch: der gesunde Menschenverstand. Dann können wir vielleicht mit ein wenig Nachdenken erfahren, was wirklich gut für uns ist.

Selbst bei dem „einfachen“ Thema des Grübelns kommt man sowohl in der Medizin als auch in der Psychologie und Philosophie in „schwierige Gewässer“! Nichts ist festgelegt und doch weiß jeder Bescheid.

Ist das Grübeln eine Form des Nachdenkens oder aber genau das Gegenteil? Grübeln praktiziert man für sich allein und wenn man es nicht ernst nimmt, kann man zum Beispiel in eine Depression hineinrutschen. Andererseits soll man ja gerade diese Fülle an Gedanken gar nicht so wichtig nehmen, denn erst die Bedeutung, die wir ihnen zuschreiben, gibt diesem Prozess die Möglichkeit, sich zu manifestieren.

Es ist tatsächlich nicht leicht, mit diesem Problem fertig zu werden. Sicherlich tut man gut daran, den eigenen Maßstab nicht zu hoch anzusetzen. Wer liebevoll mit sich selbst umgeht, kann guter Hoffnung sein, dass er diese Hürde auch meistert. Gerade im psychischen Bereich wirkt sich unser Erfolgsdenken sehr zerstörerisch aus. Jetzt geht es daher eher darum, „kleine Brötchen zu backen".

Fehlentwicklungen müssen erkannt werden und es sollte der Versuch unternommen werden, sich anderen Menschen gegenüber zu öffnen. Das ist nicht immer einfach, aber die Erleichterung durch solche Gespräche kann schon der erste Schritt in die richtige Richtung sein.

Lösungsansätze

KLEINE BRÖTCHEN BACKEN:

Glauben Sie, dass Sie durch Grübeln einen besseren Einblick in Ihr Leben oder bestimmte Probleme erhalten? Glauben Sie, dass Sie Traumata in sich tragen, die Ihre Physis oder Ihre Emotionen belasten? Glauben Sie, dass Sie unter anhaltendem Stress leiden, dessen Faktoren Sie nicht kontrollieren können? Dies können Gründe dafür sein, dass man vermehrt grübelt. Das Grübeln tritt oft bei Menschen auf, die bestimmte Persönlichkeitsmerkmale besitzen.

Diese Merkmale sind zum Beispiel eine übermäßige Fokussierung auf kritische Äußerungen von seinen Mitmenschen oder aber auch ein übertriebener Perfektionismus oder *Neurotizismus. Vielleicht bewerten Sie dieses zwischenmenschliche Band zu extrem, sodass Sie zahlreiche Opfer dafür bringen, die nicht notwendig sind. Oft stellt sich dann für Sie heraus, dass der andere viel weniger Interesse an Ihnen hat, als Sie angenommen haben.

Das sind natürlich alles nur Annahmen, aber irgendeinen Grund für das vermehrte Grübeln wird sich bei jedem finden. Und jeder trägt Verwundungen aus seinem Leben mit sich herum, die für niemanden sichtbar sind. Sie hindern uns jedoch selbst am meisten daran, glücklich und zufrieden zu leben.

Jede neue Begegnung ist ein neuer Anfang im Leben und der Mitmensch kann nicht dafür verantwortlich gemacht werden, was in der Vergangenheit geschehen ist.

---

*(Gesamtverfassung des Menschen, charakterisiert durch emotionale Labilität, Schüchternheit und Gehemmtheit. Oft geben sich diese Menschen sehr ängstlich, launisch, empfindlich, depressiv und reizbar.)

Immer wieder muss man dem anderen Vertrauen geben, ohne sich anfangs sicher sein zu können, dass es nicht missbraucht wird. Somit ist das immer ein Sprung ins kalte Wasser und das wird es auch in 20 Jahren noch sein.

Wie mit einem Ball, der einen Abhang hinabrollt, ist es am Anfang noch recht leicht, diesen Ball zu stoppen. Genauso verhält es sich mit unseren Gedanken. Die Geschwindigkeit, mit der wir ein Problem hin und her wälzen, kann sich erhöhen.

Mit unseren Problemen ist es oft einerseits sehr einfach und doch so kompliziert. Man kann ein Buch über das Thema schreiben oder es in ein paar Sätzen formulieren. Ob Grübeln oder Depressionen; es ist doch so einfach, etwas Neues zu beginnen, um das Alte abzulegen. „Kleine Brötchen zu backen" ist hier das Stichwort. Aber lesen Sie nicht darüber hinweg! Das ist es, was die wenigsten Menschen können: Sich nicht zu ernst zu nehmen und bereit zu sein, für einen gewissen Zeitraum ein intensiveres Leiden in Kauf zu nehmen.

Trotzdem ist unser Leben natürlich einzigartig und wir müssen auf uns selbst stolz sein können, zu welchen Schritten wir in der Lage sind, welche Wege wir schon in der Vergangenheit gegangen sind und wie jeder Tag schon wieder die Möglichkeit eines Aufbruchs in sich trägt. Das eigene Schicksal ist sehr ernst zu nehmen und wir können es mit Würde auch nach außen tragen. Dabei ist es nur wichtig, dass wir nicht von unserem Weg abkommen. Erst dann werden wir schwächer und sind leicht angreifbar.

Wer eine Liebe zu sich selbst pflegt und eine „Aufgeräumtheit" (alter Begriff der Klassiker) an den Tag legt, wird nur selten zu einer Zielscheibe seiner Umgebung.

Dieses „Kleine Brötchen backen" kann wie folgt aussehen: Sie setzen sich an einem freien Tag in ein Café oder Restaurant und schauen sich die Menschen an. Doch darum geht es nicht, auch nicht um das Genießen des Augenblicks. Manchmal ergibt es sich dann, dass man mit einem fremden Menschen ins Gespräch kommt. Dies sollte man sogar ein wenig forcieren.

Jetzt versuchen Sie, soweit es Ihnen möglich ist, ganz ehrlich und offen zu Ihrem Gegenüber zu sein. Wie geht es Ihnen wirklich, was haben Sie schon alles Positives und Negatives erlebt, das vielleicht irgendwie mit Ihrem jetzigen Zustand zusammenhängt?

Sie werden diesen Menschen wahrscheinlich nie in Ihrem Leben wiedersehen. Wo ist das Problem? Vielleicht werden Sie Tränen in den Augen haben. Na und? Vielleicht werden Sie sogar anfangen zu weinen. Das kann sogar sehr wichtig sein. Jeder so, wie er es gerade schafft.

Sie werden eine unheimliche Erleichterung verspüren und wenn Sie dann wieder aufbrechen, werden Sie vielleicht zehn Zentimeter über dem Boden schweben. Sie haben gegenüber einem fremden Menschen eine absolute Ehrlichkeit an den Tag gelegt, ohne die eigene Situation zu beschönigen. Und es ist wirklich egal, was der andere denkt. Er ist ein Mensch und kann viel mehr verstehen, als wir es unserem Gegenüber oft zutrauen.

Dabei kann es auch passieren, dass der Gesprächspartner mit noch gravierenderen Problemen herauskommt. Das ist überhaupt nicht ausgeschlossen. Offenheit ist nämlich sehr ansteckend. Kaufen kann man sich dafür allerdings nichts. Konzentrieren Sie sich darauf, nur das Wichtige anzusprechen und versuchen Sie nicht, sich in ein besseres Licht zu rücken. Die Wahrheit, die Sie aussprechen, macht Sie erst liebenswürdig und interessant. Was Sie haben, was Sie arbeiten, wo Sie wohnen und alles andere sonst ist nicht wichtig. Das Mysteriöse ist sogar dabei, dass der Gesprächspartner vielleicht nach Monaten immer noch über diese Begegnung nachdenken wird. Wer weiß?

Es gibt ein banales Kinderlied mit dem Titel: „Alles ist eitel, du aber bleibst“. Auch hier steckt eine unglaubliche Weisheit hinter den Worten. Wer dem Inhalt nicht auf den Grund geht, dem werden die Worte nicht viel sagen. Aber auch hier schwingt wieder das „kleine Brötchen backen“ mit.

Sie können vor der Welt dastehen, wie Sie wollen; wichtig ist, dass Sie bei sich selbst bleiben und in Ihrem Rahmen, den Ihnen das Leben gegeben hat, das Beste herausarbeiten. Und das kann sehr viel sein. Machen Sie nicht mit bei dem „Spiel der Eitelkeiten". Es nützt niemandem, nicht Ihnen, nicht Ihrem Umfeld, und diese Luftschlösser sind so schnell wieder verflogen.

Das Wahrhaftige setzt sich immer durch, auch wenn es Monate, Jahre oder Jahrzehnte dauert. So klein Sie sich auch manchmal fühlen mögen - „du aber bleibst".

Wie problematisch sich unsere Psyche verhält, zeigt auch noch folgendes **Beispiel**: Es nützt leider wenig, die Komplikationen zu verdecken:

Eine Bekannte aus dem näheren Umfeld war wohl im Nachhinein gesehen unzufrieden mit ihrem Leben. Sie war Anfang Fünfzig und hatte das Übliche für sich erreicht. Ein Haus, zwei Kinder, einen Ehemann, und alles schien in bester Ordnung. Dann meldete sie sich bei einem „Lach-Seminar" an. Es ging darum, sich „gesund zu lachen". Das alles hörte sich eigentlich sehr gut an. Nach einem Jahr folgten dann noch „Clown-Seminare" und ich dachte, dass es in ihrem Leben wirklich gut lief. Plötzlich war genau das Gegenteil der Fall. Sie litt unter Depressionen und musste wochenlang von ihrer Arbeit fernbleiben. Sie war krankgeschrieben und es ging ihr nicht gut. Dieser plötzliche Gemütswechsel machte mich natürlich stutzig. Aus meiner Sicht hat sie gespürt, dass ihr etwas fehlte und hatte lediglich mit Spaß und Aktion versucht, die Probleme wegzuschieben.

Das zeigt auch wieder, wie wichtig es im Leben ist, authentisch zu sein. Sie können nicht gegen sich selbst kämpfen. Akzeptieren Sie den Zustand Ihrer Empfindungen und Gedanken so, wie er ist. Dass Sie grübeln, hat einen Sinn, den es zu verstehen gilt. Und Sie können sich glücklich schätzen, dass Sie es vielleicht so früh erkannt haben.

Sie haben somit viel Zeit, um den Dingen auf den Grund zu gehen. Solche Entwicklungen bei Menschen, die wir recht gut kennen oder denen wir sogar nahestehen, sind schwer zu ertragen. Es bleibt ein bitterer Nachgeschmack, denn wir fragen uns: „Warum hat er nicht vorher davon erzählt, dass da irgendwelche Probleme sind?" Jetzt stellt sich das Problem anders und viel größer dar. Und da ist man wieder bei dem Thema: „Reden": Reden ist der Königsweg!

10 SCHNELLE TIPPS FÜR DAS ABLEGEN UNSERER ANGEWOHNHEIT

1. Ablenkung ist eine Möglichkeit, das Grübeln zu vermeiden. Man schaut sich um und konzentriert sich im selben Augenblick auf etwas völlig anderes. Sie können mit jemandem telefonieren, einen Film anschauen, etwas Kreatives machen (Malen, Lesen, Musizieren), im Haushalt wichtige Arbeiten erledigen oder einfach spazieren gehen.

2. Schreiben Sie sich Ihre Gedanken auf und suchen Sie nach Lösungsmöglichkeiten für das Problem, über das Sie grübeln. Auch das notieren Sie sich.

3. Das Aufgeschriebene ist dann der Ausgangspunkt für die Durchführung von Aktionen, die das Problem beseitigen können. Es reicht hier schon, kleine Schritte zu machen. Das lange Grübeln beruhigt sich dann, da Sie ja an dem Problem arbeiten. Jeden Tag ein kleines Stück weiterzukommen, reicht völlig aus.

4. Eine weitere Maßnahme ist, die Inhalte der Grübelei zu hinterfragen. Haben wir tatsächlich einen Fehler gemacht? Oder ist etwas Dramatisches in unserem Leben passiert, für das wir uns verantwortlich fühlen? Das Thema, das uns so beschäftigt, sollte ins richtige Licht gerückt werden. Vielleicht kommen wir dadurch zu dem Schluss, dass die beunruhigenden Gedanken nicht der Wahrheit entsprechen.

5. Nun sollten Sie die Ziele, die Sie sich in Ihrem Leben gesetzt haben, an Ihre neue Situation anpassen. Das Grübeln weist uns nämlich oft darauf hin, dass wir uns selbst zu sehr unter Druck setzen. Perfektionismus und Lebensziele, die zu hochgesteckt sind, wirken sich negativ auf unsere Psyche aus. Authentizität ist dabei das Stichwort. Seien Sie der, der Sie sind, und versuchen Sie, Zufriedenheit zu erlangen.

6. Ein wichtiges Thema in diesem Zusammenhang ist das **Selbstwertgefühl**. Finden wir bei uns hier einen Mangel, so kann das ein Auslöser für vermehrtes Grübeln sein. Auch Depressionen hängen sehr oft mit dieser ungünstigen Selbsteinschätzung zusammen. Versuchen Sie, Ihre Stärken mehr auszubauen und nicht an den Schwächen zu arbeiten. Oft haben wir auch verborgenes Potential in uns, welches wir noch gar nicht entdeckt haben. Das kann das Schreiben sein, das Malen, besondere handwerkliche Fähigkeiten oder das Singen. Von depressiven Menschen weiß man, dass sie oft sehr sensibel sind und feine Antennen für ihr Umfeld besitzen. Dies sind alles Fähigkeiten, die wie geschaffen für einen guten Künstler sind.

7. Meditation ist ein sehr effektives Mittel gegen die Grübelei. Der Geist wird geklärt und unsere Emotionen gelangen in einen ruhigen Zustand. Dafür begibt man sich an ein stilles Plätzchen und schließt die Augen. Bei der Meditation sollte man sich immer einen strengen und schönen Gedankeninhalt aussuchen. Diesen *Meditationssatz kann man sich ständig wiederholend mit dem inneren Auge betrachten. Hier gilt: weniger ist mehr. Es reichen ein oder zwei Sätze.

Mit der Zeit wird einem klar, wie umfangreich eine einzige Weisheit sein kann. Viele machen die Erfahrung, dass solche Weisheiten sogar über Jahre als Inhalt genutzt werden können und sich dennoch immer wieder Neues erschließen lässt. Vorsichtig sollte man dennoch sein, denn: Meditation ist schon der Beginn einer spirituellen Arbeit. Man begibt sich damit in Regionen, die unbekanntes Terrain für uns sind. Daher sollte man mit einem Freund oder Bekannten über die Erfahrungen offen reden, damit wir nicht „vom Boden abheben". Diese Praktiken gehören zur Selbsterkenntnis des Menschen und haben eine kosmische Bedeutung.

8. Ein Tagebuch führen, das sich auf das Grübeln bezieht, ist eine weitere gute Maßnahme, um neue Wege zu beschreiten. Dafür notieren Sie die Situationen, in denen Sie grübeln. Die Tageszeit wird auf-geschrieben, der Ort, die eventuell anwesenden Personen und Ihre Tätigkeiten, die Sie vorher und danach erledigt haben. Alles kann Auslöser für das vermehrte Grübeln sein. Haben Sie es aufgeschrieben, so wird sich vielleicht einiges klären und später leichter zu vermeiden sein.

9. Mit einem Freund zu reden oder einer Person, zu der Sie großes Vertrauen haben, kann ein weiterer nützlicher Schritt sein. Durch Gespräche können Sie sich aus einer isolierten Situation befreien. Das Grübeln tun wir ja für uns allein und lassen selten unsere Mitmenschen an diesen Gedankengängen teilhaben. Zudem: Geteiltes Leid ist halbes Leid. Das klingt banal, aber auch hier steckt eine unglaubliche Weisheit dahinter.

10. Nützen alle Versuche nichts und die Lage verschlechtert sich eher, dann ist es ratsam, eine Therapie einzufordern. Riskieren Sie nicht, in eine Depression hineinzurutschen. Wie auch immer benötigt man für psychische Komplikationen seine Mitmenschen. Und je früher man sich in diese Richtung öffnet, desto besser. Bedenken Sie, dass Sie allein alle Schritte durchführen und vielleicht noch gar nicht ermessen können, was sich Wohltuendes aus diesem „einsamen Kampf" ergeben kann. Es hat schon etwas Heldenhaftes, wenn Sie es schaffen, sich aus solchen Situationen herauszuarbeiten. Mit der Hilfe der anderen! Aber allein Sie werden es tun! Niemand sonst wird sich diesen Erfolg auf die Fahne schreiben können!

*(Vorschläge für den Inhalt von Meditationen:

„Läutere ich meine persönliche Mondenschale, so erstrahlt sie im Licht des Sonnenhaften, das vom Mitmenschen ausgeht."

„Kriege führen auch die Ameisen; Staaten haben auch die Bienen. Meine Seele sucht andere Wege, und wo sie zu kurz kommt, da blüht dir kein Glück."

„Durch eine Kräftigung unseres Innern sind wir in der Lage, die außen lauernden Konflikte zu bewältigen.")

DIE ÜBERWINDUNG DER ANTRIEBSLOSIGKEIT

(D) Unmittelbar verknüpft mit dem Grübeln kann eine Antriebslosigkeit vorliegen. Eine klare Struktur unseres Tagesablaufs verhindert schon oft das ständige Nachdenken über alle möglichen Probleme, die scheinbar zu keiner Lösung geführt werden können. Eine Möglichkeit wäre also, der Antriebslosigkeit entgegenzuwirken. So, wie die Struktur Ihres Tagesablaufes aussehen kann, so kann sich dieses Muster auch auf Ihr Denken übertragen.

Sicher kennen Sie Tage, an denen Sie sich einfach zu nichts aufraffen können. Gerade in der dunklen Jahreszeit neigen wir zur Schwermütigkeit und haben das Gefühl, müde und träge zu sein. Das ist natürlich auch vollkommen normal, soweit es sich in einem bestimmten Rahmen abspielt. Und an solchen trüben Wintertagen kann jeder verstehen, dass man vielleicht mal einen ganzen Tag einfach nur im Bett bleibt oder eben gar nichts tut. Und das ist auch gut so.

Ohne eine regelmäßige Erholung ist es nicht möglich, ausreichend Kraft zu tanken. Auch das ist schon ein Warnsignal, wenn man an einer Antriebslosigkeit leidet, die von längerer Dauer ist. Schon das Aufstehen am Morgen sollte einem nicht allzu schwerfallen. Ist dem so, dann hängt das oft mit einer Antriebslosigkeit zusammen. Dass natürlich viele Menschen ungerne morgens aus dem Bett kommen, sollte jedem klar sein.

Oft hat man auch kurze Phasen, in denen man sich tagelang mit diesem Problem herumschlägt. Das ist auf jeden Fall normal und darf nicht überbewertet werden. Doch wenn man seine Aufgaben nicht erledigen kann und nicht weiß, wonach einem der Sinn steht, dann sollte man sich schon Gedanken machen. Es wäre dann Zeit, den Ursachen auf den Grund zu gehen.

Wer viel grübelt, kommt nicht so richtig in die Gänge. Aber die damit verbundene Antriebslosigkeit sollte immer von der Depression unterschieden werden. **Für die Antriebslosigkeit gilt:**

-Obwohl man genug Schlaf bekommt, hat man Schwierigkeiten, morgens aufzustehen.

-Auch über den Tag hinweg hat man das ständige Bedürfnis, sich ins Bett zu legen.

-Man hat Schwierigkeiten, sich zu konzentrieren.

-Neben der Trägheit macht sich auch eine Lustlosigkeit breit.

-Das Immunsystem ist recht schwach.

-Der Alltag wird durch die Antriebslosigkeit gestört.

-Man ist schwach und niedergeschlagen.

Erst, wenn diese Faktoren über einen langen Zeitraum nicht wieder verschwinden, sollte man bei seinem Hausarzt oder einem Psychologen vorsprechen, um überprüfen zu lassen, ob nicht eine Depression hinter den Auffälligkeiten steckt. Diesen Schritt sollte man nicht scheuen, denn wenn man zu lange wartet, kann sich das Problem noch verschärfen.

Gegen alle Verlautbarungen aus den Medien würde ich es jedem empfehlen, mit solchen Themen möglichst vorsichtig umzugehen. Die Gesellschaft tut zwar so, als ob das alles kein Problem wäre, aber wer beim Psychologen sitzt, wird oft stigmatisiert. Das stellt immer eine gewisse Gratwanderung dar. Es gibt auf jeden Fall immer einige Menschen in Ihrer Umgebung, die sehr verständnisvoll damit umgehen.

Aber Sie sollten immer ein bisschen vorsichtig sein, wem Sie etwas über Ihr Privatleben anvertrauen, zumindest bezüglich Ihrer psychischen Verfassung. Letztlich macht man aber wichtige Schritte in seinem Leben, die äußerst gravierend für unsere Zukunft sein können. Erst im Rückblick wird vielleicht auch Ihre Umgebung realisieren, was Sie geschafft haben.

Aber auch **körperliche Ursachen** können **für** eine **Antriebslosigkeit** verantwortlich sein. Hier findet man oft Eisenmangel, Vitamin D-Mangel, Schilddrüsenunterfunktion und Vitamin B12-Mangel. Diese fehlenden Substanzen kann man mit einfachen Therapien und Nahrungsergänzungsmitteln bzw. auch über die Ernährung dem Körper wieder zuführen. Der Hausarzt kann dafür vorweg ein Blutbild erstellen.

Können diese Gründe auch ausgeschlossen werden, dann könnten **gewisse Lebensumstände Grund für eine Antriebslosigkeit** sein. Störungen im Berufsleben gehören dazu, eine Beziehungskrise oder andere familiäre Probleme. Hilfreich ist es, wenn man versucht, auf seinen Körper und seine Empfindungen zu achten. Was ist anders? Was stört mich wirklich? Das Bewusstwerden von verborgenen Komplikationen kann schon ein wichtiger Schritt in eine „gesunde Richtung" sein.

Kleine Dinge, die Sie im Alltag vielleicht vernachlässigt haben, können auch schon oft weiterhelfen. Und das Beste ist: Das meiste kostet nichts!

Sorgen Sie dafür, dass Sie immer **genug Sonne tanken und an die frische Luft kommen**. Selbst an trüben Tagen ist das Tageslicht ca. 15-mal effektiver als das unserer beleuchteten Räume. Gerade Vitamin D, das unser Körper nicht selbst aufbauen kann (bzw. nur in kleinsten Mengen), ist sehr wichtig für unsere Gesundheit.

Zu beachten ist dabei, dass die Wissenschaftler Folgendes dazu bemerken: Erst wenn die Sonne über einen Winkel von 45 Grad steigt, können die notwendigen Lichtanteile durch die Atmosphäre dringen. Diese Anteile bewirken dann die Produktion von Vitamin D. Die Faustregel lautet dabei: Ist der Schatten kleiner als wir selbst, dann ist die Strahlung der Sonne ausreichend. Eine weitere Möglichkeit ist eine Tageslichtlampe, die der Helligkeit der Sonneneinstrahlung recht nahekommt. Hier ist die Auswahl an guten Lampen recht begrenzt. Empfehlen kann man die Tageslichtlampe von Beurer, „Beurer TL 30", 10.000 Lux, ca. 40,-€, oder die Tageslichtlampe von Klarstein, „Summershine Slim", 10.000 Lux, ca. 45,-€. Beide Lampen sind klein, handlich und auch hell genug, um die stimmungsaufhellende Wirkung zu erzielen.

Als Nächstes sollte man die **Zeit, die man am Computer oder am Smartphone verbringt, reduzieren**. Untersuchungen haben ergeben, dass die Stimmung sich verschlechtert, wenn man sich zu viel mit diesen Medien beschäftigt. Daraus ergibt sich dann auch eine Schwächung des Antriebs. Manchmal kann es schon hilfreich sein, wenn Sie solche Zeiten schon im Voraus begrenzen. Mit der Zeit bemerkt man oft selbst, wie viel Stunden man eigentlich für unsinnige Beschäftigungen verbraucht hat.

Dann ist für viele Menschen das **Yoga** eine gute Beschäftigung. Und die **Meditation** kommt ebenso in Betracht. Sie sollten sich immer wieder **Auszeiten** gönnen. **Spaziergänge in der Natur** sind immer ein schöner Ausgleich für unseren stressigen Alltag. Wer einen Hund hat, kennt diese wichtigen Pausen, die man sich mit einem Haustier schon aus

Eine sehr wichtige Maßnahme ist der Sport oder eine andere Art der anspruchsvollen Bewegung des Körpers. Das Spüren unseres Körpers gibt dem Gehirn positive Signale. Sie fühlen die Lebendigkeit Ihrer selbst und erleben genau das, was das Grübeln immer verhindert. Das Tun ist immer etwas ganz anderes als das Nachdenken über etwas. Sie leiden, schwitzen, atmen und erholen sich wieder und gehen ganz in Ihren körperlichen Funktionen auf. Das Denken spielt dabei gar keine Rolle.

Bei regelmäßigen körperlichen Betätigungen kann das Grübeln sogar ganz verschwinden. Auch der Gang in die Natur wirkt sich äußerst positiv auf unsere Verfassung aus. Die Bäume und Blumen, der Himmel und die Insekten nehmen unsere Sinne in Anspruch. Auch das Riechen der Blüten, das Hören der Stille oder das Summen der Bienen und Singen der Vögel lassen uns ganz in die Realität eintauchen. All das ist unabhängig von unseren Gedanken und das Gehirn nimmt die Reize auf und verarbeitet sie. Das bewusste Aufnehmen des Augenblicks wirkt gesundend auf unseren Geist und unsere Seele. Dies alles läuft unter dem Begriff „Achtsamkeit“, welcher für den Grübler im besonderen Fokus stehen sollte. Wer wirklich den Augenblick genießt oder aber auch nur wahrnimmt, hat keine Zeit mehr zum Grübeln.

In den Therapien wird versucht, die Gedankenschleifen zu fokussieren. Dazu bedient man sich des Malens, des Schreibens, der Psychodramen, der Gestalttherapie usw. Es findet eine Art Abbildung der eigenen Situation statt, die ab diesem Zeitpunkt verändert werden kann. Das Drehbuch der Probanden kann umgeschrieben werden.

Künstlerische Aktivitäten

DIE KUNST ALS ÜBERWINDER UNSERES UNWOHLSEINS:

Auch für den, der vermehrt grübelt, kann es ein unglaublicher Gewinn sein, sich mit der Kunst aktiv zu beschäftigen. Ob man nun malt, schreibt, Skulpturen formt, Theater spielt, einfach ein Buch liest oder sich mit Gemälden in den Galerien befasst, die Kunst ist immer ein freier Raum, der einem Entspannung geben kann, Erbauliches oder geistig Anspruchsvolles.

Die Kunst ist eigentlich die wichtigste Zugabe im Leben, die wir als Geschenk erhalten können. „Eigentlich" deshalb, weil dieser Bereich in unserer Gesellschaft wirklich zu kurz kommt. Entweder die Menschen arbeiten in diesem Bereich professionell oder aber sie haben mit Kunst nicht viel zu tun. Das ist unglaublich und zeigt einem, dass wir in einer dunklen Zeit leben. Mit eine der wichtigsten Aktivitäten in unserem Leben wird einfach nicht genutzt. Höchstens das Lesen von Büchern ist bei den jungen Leuten Gott sei Dank noch ein wenig angesagt. Bei der älteren Generation kann man da schon eher Menschen finden, die des Öfteren zum Buch greifen. Vom Musizieren und Singen wollen wir erst gar nicht anfangen. Es wird einfach nicht verstanden, welche Heilungsmöglichkeiten und Wege für unsere Entwicklung im Bereich der Kunst möglich sind.

Die Kunst ist der perfekte Gegenpol zu unserer Informations- und Wissens-Welt. Bei der Kunst geht es um unsere Emotionen und Ideale. Es geht um Schicksal, die Gesellschaft und die Freiheit des Einzelnen. Was wenig kommuniziert wird ist, dass die Kunst die einzige Möglichkeit bietet, sich aus vielen Sackgassen des Lebens zurückzuholen. Denn immer, wenn wir uns gewissermaßen „festfahren", dann ist die Frage, wie wir wieder in das normale Leben zurückfinden. Diese Aufgabe ist schon seit Jahrhunderten der Kunst überlassen, doch der moderne Mensch läuft wie blind durch das

Leben und würde an dieses verdeckte Geheimnis keinen Gedanken verschwenden.

Selbst wenn uns dunkle Kräfte in irgendeinem Bereich festhalten, so ist keine Macht der Welt in der Lage, diesem Gebilde, das über die Jahrhunderte entstanden ist, die Stirn zu bieten. Die Kunst ist unzerstörbar, wenn es denn natürlich überhaupt Kunst ist!

Nietzsche rief deshalb auch aus: **„Kunst kommt von Können, käme es von Wollen, so hieße es Wulst“**. Diesen Bereich der Kunst zu untersuchen wäre auch noch eine schöne Nebenbeschäftigung. Alle Genies in der Kunst, ob Goethe, Storm, Schiller oder van Gogh, wussten von der echten und der falschen Kunst, und haben mit ihrer Einschätzung auch nicht „hinter dem Berg gehalten“.

Schon das Hören von klassischer Musik in einem Konzert kann einem die Schwere des Lebens für kurz oder lang nehmen. Man lebt in diesen Augenblicken in einer anderen Welt, in der alles möglich ist und wird keinen Zwängen und Regeln unterliegen. Das Gleiche gilt auch, wenn wir über Stunden versunken über einem Roman sitzen. Schon diese kleinen, kreativen Tätigkeiten sind der Eintritt in die Welt der Kunst.

Aber Sie können auch selbst in das kreative Schaffen hineinkommen. Wer sich eine innere Zufriedenheit und Ausgeglichenheit wünscht, hat es um ein Vielfaches einfacher, wenn er sich in seiner Freizeit der Kunst zuwendet. Sie können Malen (Aquarell oder Öl), Musik machen (Klavier, Querflöte, Geige, Cello), Schreiben (Gedichte, Erzählungen) oder vielleicht Theater spielen. Was für eine Bereicherung für unser Leben!

Die ganze Thematik der Kunst hat etwas von einem Spielfeld. Wenn ich im richtigen Leben Probleme habe, die scheinbar nicht zu lösen sind, bestimmte Ziele unerreichbar bleiben oder ich mir Konversationen wünsche, die nicht eintreten, so werde ich alles das in der Kunst finden. Spiele ich eine Sonate von Mozart, so sind meine Probleme erst einmal in weiter Ferne.

Was kümmern mich in diesem Augenblick bestimmte Lebensziele, wenn ich jetzt, in der Gegenwart, ein Stück eines Meisters spiele und der Moment einfach perfekt ist? Welches Gespräch mit einem Menschen brauche ich gerade, wo ich mich mit der Musik im Einklang befinde? Auch dies ist eine Art Gespräch, welches meine Bedürfnisse in Vollkommenheit erfüllt.

Die Musik wirkt, wie keine der anderen Künste, unmittelbar auf unsere Seele. Sofort und direkt! Deshalb braucht man nicht unbedingt musikalisch zu sein, denn die Musik erreicht jeden Menschen. Wichtig ist nur, dass man sich die Musik aussucht, die auch ein echtes Kunstwerk darstellt. Dabei kann man sich auf seine Intuition verlassen.

Die Musik muss nicht nur positive Gefühle in Ihnen auslösen. Echte Kunstwerke haben immer einen hohen Anspruch und können uns auch niederdrücken. Doch auch das hat seine Bedeutung und man sollte dann schauen, ob etwas Problematisches in unserer Psyche versteckt liegt. Normalerweise hören Sie zum Beispiel einen klassischen Chor mit vielleicht strengen, aber atemberaubenden Tönen. In diese Welt können Sie angstfrei eintauchen und es sollte ein innerer Bereich aufgehen, der völlig unabhängig von der „sinnlichen Welt“ existiert.

Sie empfinden die Schönheit der Welt, der Musik, die Freiheit des Menschen, und vielleicht erspüren Sie das Leben und das Schicksal des Komponisten. So in etwa sollte es sein. Sie spüren keinen Druck, keine Aversion und keine Angst. Sollte dies nicht so sein, dann müssen Sie schauen, wo ein Defizit in Ihnen liegt.

Mit der Kunst beschreiten Sie auch immer einen Weg, was bedeutet, dass Sie noch nicht angekommen sind. Jeder ist erst einmal in einer bestimmten Richtung unterwegs. Das allein zählt und die Anfänge können immer recht unbeholfen wirken und holperig sein.

DIE PSYCHE UND DIE TONINTERVALLE:

Eine fast geheime Aufschlüsselung der Bedeutung von Musik soll jetzt folgen. Dies können Sie nutzen, um dem Grübeln etwas entgegenzusetzen. Eine innere Unruhe, negative Gedanken oder depressive Ansätze können durch die Musik gemildert werden. Kreatives Schaffen fördert immer unsere Gesundheit auf ganzheitliche Weise. Die Psyche und der Körper bleiben beweglich und aktiv. Folgende „Übung“ bzw. Lehrstunde über das Wesen der Musik kann fast wichtiger für Sie sein als das Spielen von Musikstücken:

Sie spielen den Ton C und D (Dazu stellen Sie sich immer die entsprechenden Bilder vor!)

Sie stehen in Ihrem Haus und gehen zur Tür.

(Sie sind in einer leichten Bewegung und kommen ein wenig aus Ihrem „Schneckenhaus“ hervor. Es tut sich etwas, aber es ist ruhig und es gibt keine außergewöhnlichen Emotionen.)

Sie spielen den Ton C und E

Sie öffnen die Tür zu Ihrem Garten.

(Sie fühlen sich ein wenig beschwingt und freuen sich auf das, was Ihnen vielleicht begegnen könnte. Sie sind aktiv und hellwach.)

Sie spielen den Ton C und F

Sie gehen aus dem Haus in Ihren Garten.

(Sie haben einen erfüllenden und schönen Moment, da Sie die Blumen im Garten sehen, und Sie haben das Gefühl, dass das Leben Ihnen viel zu bieten hat.)

Sie spielen den Ton C und G

Sie gehen bis an die Gartenpforte und schauen in die Landschaft der Umgebung.

(Sie sehen Ihren Garten und schon einen Teil der Welt da draußen. Sie sind überglücklich und können sich nicht vorstellen, überhaupt eine Situation in Ihrem Leben zu erfahren, die schöner ist als jetzt.)

Sie spielen den Ton C und A

Sie gehen aus der Gartenpforte in die Welt.

(Der erfüllende Moment scheint nun fast schon ein wenig überzogen. Es ist etwas „zu schön" und Sie verspüren einen unterschwelligen Schmerz. Die Eindrücke sind so umfangreich, dass es Ihnen schwerfällt, sich im „Hier und Jetzt" wirklich zurechtzufinden.)

Sie spielen den Ton C und H

Sie sind nicht mehr an Ihrem Haus, sondern mitten in der Landschaft.

(Die Eindrücke sind schrill und völlig überzogen. Das Gefühl in Ihnen beschreibt eine Überforderung der Sinne, die nicht Freude, sondern fast eher Schmerzen verursacht. Sie befinden sich scheinbar nicht mehr auf dem Boden der Realität.)

Sie spielen den Ton C und (hohes) C

Sie sind wieder in Ihrem Haus angelangt, aber Sie selbst haben sich verwandelt.

(Eine Genugtuung macht sich breit. Sie fühlen sich wie neu geboren und haben einen Moment der Vollkommenheit verspürt. Eine Hürde, die schon lange vor Ihnen lag, wurde überwunden.)

Diese Töne bilden die DUR-Tonleiter (C, D, E, F, G, A, H, C). Sie bilden zwischen sich Intervalle. Die Tonstufen werden wie folgt bezeichnet:

C und D: Sekunde

C und E: Terz

C und F: Quarte

C und G: Quinte

C und A: Sexte

C und H: Septime

C und (hohes) C: Oktave

Damit haben Sie ein paar Fachbegriffe erhalten, und mit den Auswirkungen der Intervalle auf unsere Psyche steht Ihnen praktisch die ganze Welt der Musik schon offen. Mit dem Erspüren dieser Emotionen, die die Musik schon bei den Intervallen bei uns auslöst, haben Sie ein Fundament, um dann auch kleine Musikstücke oder große Werke ansatzweise zu verstehen. Sie werden dann vielleicht auch feststellen, dass die gesamte Popmusik oft nur auf den Intervallen der Quarte und der Quinte aufgebaut ist. Es sind für den Menschen die perfekten Klänge und wir fühlen uns in diesem „Bereich der Tonschritte" außerordentlich wohl.

Was aber die heutigen Musikproduzenten vergessen haben, ist, dass die Klassiker in der Musikkomposition noch ein bisschen mehr wussten als sie. Johann Wolfgang von Goethe hat diesen Zusammenhang in Gesprächen mit Eckermann erörtert. Das Problem ist nämlich die Wirkung von DUR und MOLL. Auch das ist für Sie wichtig, denn wenn Sie sich mit Musik beschäftigen, um Ihr Wohlbefinden zu erhalten und mit der Musik etwas Positives auszulösen, dann müssen Sie ein wenig von der Wirkung der Musik auf Ihr Innerstes verstehen. Goethe sagte, dass die menschliche Seele die Abwechslung braucht. In der Musik wirken Stücke, die nur in DUR geschrieben sind, irgendwann ermüdend. Das reine Schöne in unendlicher Länge kann der Mensch nicht ertragen.

Auch Stücke, die nur in MOLL geschrieben sind, erfüllen den Zuhörer auf keinen Fall. Das Schwerfällige, das Leidende, das Unharmonische lässt in seiner reinen Form den Zuhörer in eine schlechte Stimmung fallen. Es fehlt dann die Auflösung der Schwere durch die schönen und leichten DUR-Klänge. Also sowohl das eine als auch das andere geht in die falsche Richtung, wenn es völlig allein für sich steht. Wenn Sie sich nun die Auswirkung auf Ihre Emotionen hinsichtlich von Popmusik und Klassischer Musik ansehen, dann können Sie Ihre eigenen Schlüsse ziehen.

In der klassischen Musik finden Sie also in jedem Werk fast immer die DUR-Passagen mit ihren reinen und schönen Klängen; und die MOLL-Passagen, die einem wie schwer zu verdauende Nahrung vorkommen. Dies gilt zumindest etwa bis in die 1850er Jahre hinein. Alles, was Goethe über diese kunsttheoretischen Themen sagte, bezog er fast immer auch auf jegliche andere Künste. Hier also gilt das Gleiche auch für die Dichtung und die Malerei usw.

Ein bildlicher Vergleich, um diese Zusammenhänge zu verstehen, wäre unsere sinnliche Welt mit Licht und Dunkelheit. Die Dunkelheit an sich wäre nicht zu ertragen und das Leben auf der Erde nicht möglich. Würde es zum Licht nicht den Gegenpol der Finsternis geben, also unsere Welt, würden wir irgendwo im Universum schweben. So jedoch strahlt das Licht auf die Erde und gibt jedem Ding eine Farbe. Die Farben sind das Ergebnis des Zusammenspiels von Licht und Finsternis.

DIE ANFÄNGE DER AQUARELLMALEREI:

Wie male ich ein Bild oder auch ein Kunstwerk? Diese Frage stellt man am besten einem Künstler, der mit „beiden Beinen“ in der Kunst steht und damit auch sein ganzes Leben ausfüllt. Voraussetzung dafür ist immer, dass er in der Lage ist, echte Kunstwerke zu schaffen. Die Anfänge der Malerei hat solch ein Künstler in Seminaren folgendermaßen vorgestellt:

Ob Öl, Acryl oder andere Varianten - der beste Bereich für unsere heutige Zeit ist bei den Anfängern, aber auch oft für professionelle Kunstmaler, die Aquarellfarbe. Eine gute Methode ist, das entsprechende Papier anzufeuchten (dabei liegt es auch während des Malens auf einem stabilen

Holzbrett). Nun haben Sie verschiedene Aquarellfarben, wobei es völlig ausreichend ist, 4-5 verschiedene Farbtöne zu kaufen.

Die wichtigste Bedingung, die Ihnen ein genialer Lehrer der Maler empfiehlt, ist das Verwenden eines breiten Pinsels. Dieses genaue Zeichnen mit einem Stift oder mit einem dünnen Pinsel ist eine Krankheit unserer Zeit. Es geht beim Malen nicht um die Genauigkeit, sondern um die Fantasie und die Kreativität.

Das kopfgesteuerte Denken ist unserem „Inneren Künstler" immer im Weg. Wir müssen aus unserer Seele und unserem Leben schöpfen, nicht aus unserem Intellekt. Das Intellektuelle hat immer etwas Zerstörerisches. Deshalb setzen Sie ein paar dicke Farbstriche auf das Papier und schauen Sie sich an, was dort entstehen will. Sie können einerseits lenken, und andererseits in das Bild „hineinlauschen", was Ihnen dort sozusagen entgegenkommt. Farben können ineinanderlaufen und manchmal ergibt sich willkürlich etwas anderes, als Sie anfangs herausarbeiten wollten.

So in etwa läuft der kreative Prozess eines echten Künstlers. Kunstwerke haben auch immer etwas aus einer anderen Welt; deshalb ist nicht allein unser eigenes Tun in diesen Vorgang verwickelt. Was Sie in Ihrem eigenen Bild erkennen, können Sie auch mehr und mehr ausarbeiten oder aber wieder umdefinieren, wie es Ihnen gerade in den „Sinn" kommt.

Wenn Sie es schaffen, sollten Sie sich in eine ganz bestimmte Stimmung versetzen. Einmal ist es die Strenge (Ernsthaftigkeit) und zum anderen die Wahrhaftigkeit (Schönheit). Schon für die alten Meister der Kunst war die Wahrheit immer unmittelbar mit der Schönheit verbunden. Ein Bild, welches die Wahrheit abbildete, war ein schönes und geniales Kunstwerk.

Am Anfang des kreativen Schaffens sollten Sie sich immer von den Gedanken eines hervorragenden Bildes, das Sie gemalt haben, fernhalten. Wer sehr begabt ist - und ich denke das sind die meisten - wird vielleicht auch ein besonders schönes Aquarell auf das Papier bringen können. Doch tatsächlich geht es darum überhaupt nicht.

Die Demut und die Ernsthaftigkeit sind die richtigen Eigenschaften, um für sich etwas in der Kunst zu erreichen. Das Stichwort lautet: Kreatives Schaffen. Das ist das wirklich Wichtige für Ihre Seele und Ihre Zufriedenheit. Unser Denken wie: „Es muss dabei etwas herauskommen", ist in Wirklichkeit unerträglich. Wenn ich als Mensch in meiner individuellen Entwicklung weiterkommen möchte, so steht mir die Kunst als wichtiges Instrument und als Ausgleich zur Verfügung. Die Kunst ist es ja, die uns aus den verschiedensten Sackgassen herausführen kann. Dafür könnte man doch dankbar sein und man bräuchte vorerst keinen Gedanken daran verschwenden, ob dieses oder jenes Bild nun besonders gelungen ist. Natürlich aber wollen wir ein schönes Bild malen, und das ist auch richtig so! Die Schönheit hat immer eine direkte Verbindung zur Wahrheit.

DAS SCHREIBEN VON TEXTEN UND GEDICHTEN:

Das Schreiben eignet sich ebenfalls gut für eine kreative Tätigkeit. Jeder suche sich das aus, was ihm am ehesten zu liegen scheint. Gedichte sind dabei am Anfang sicher etwas einfacher zu verfassen. Die Gattung wird in der Literatur als Lyrik bezeichnet. Die Lyrik ist unserer Empfindungswelt sehr nahe und kann auf „einfache" Weise geschöpft werden.

Dafür versucht man, bestimmte Ideale und schmerzhafte oder schöne Erlebnisse in Textform zu überführen. Das Wichtigste dabei ist, dass Sie „etwas zu sagen haben", und dies tatsächlich aus Ihrem Inneren kommt. Fast ein Geheimnis kann man die Voraussetzungen eines Schriftstellers in der heutigen Zeit nennen. Die alten genialen Klassiker sollen die Fähigkeit und Möglichkeit gehabt haben, alles aus ihrem Inneren heraus gestalten zu können.

Diese Art der Erschaffung von Kunstwerken soll für uns moderne Menschen nicht mehr in dieser Form möglich sein. Man erkennt das auch daran, dass in den letzten 150 Jahren keine wirklichen Genies im Bereich der Dichtkunst aufgetreten sind. Selbst wenn sie es geschafft haben, auf eine neue Art die Schriftstellerei zu beleben, so sind sie nicht als Künstler bekannt geworden. Ausnahmen bestätigen natürlich die Regel, doch möge sich jeder seine eigenen Gedanken dazu machen.

Das heutige Prozedere in diesem Bereich sollte sein, dass wir uns selbst zu einer Art Medium machen. Wir nehmen alles aus der Welt auf, auch alle Erfahrungen, die wir im Leben gesammelt haben, und verwandeln sie durch unseren Geist und unsere Seele. Machen Sie sich zu einem Schreibstift für die Welt! Dabei sind die Gesetze, wie man ein Gedicht zu schreiben hat, auch zu einem gewissen Teil außer Kraft gesetzt.

Ein guter Lyriker wird heutzutage nicht mehr auf den Reim setzen. Es geht vielmehr um den Rhythmus und die Stimmigkeit in seiner Zusammensetzung. Versuchen Sie also, sich von überkommenen Traditionen zu lösen. Was allerdings immer bleibt, ist das Streben nach Seriosität und Wahrhaftigkeit. Wie so ein Gedicht in unserer Zeit aussehen kann, soll hier als Beispiel angegeben werden:

Ich sehe Menschen, die zum Abgrund stolpern,

Ich sehe Träume, die zu Nichts zerplatzen,

Ich sehe Fundamente, die zu Staub zerfallen,

Ich seh` Jahrhunderte vorüberziehen,

Ich sehe Mächte aus der Tiefe springen,

Ich sehe Hoffnung aus dem Nichts erschaffen,

Ich seh` Unheil kommen, großen Schrittes,

Ich seh` Neues in der Welt erwachsen.

Beachten Sie beim Schreiben auch die Aussagen der großen Klassiker: „Die Kunst steht immer auf der Seite der Unterdrückten.“, oder, „Die Kunst hat die Aufgabe, die Menschen, die am Rand der Gesellschaft stehen, wieder in die Mitte hereinzuholen.“

Das Thema der Sucht als Hilfestellung

Die Sucht spielt bei dem Thema „Grübeln" eine nicht unerhebliche Rolle. Denn auch der Ursprung der Süchte ist in unserer Psyche oder Seele zu finden. Betroffene aus den Selbsthilfegruppen berichten, dass es für sie geradezu ein Segen war, dass sie in die Sucht gerutscht sind. Für einen „Laien" unfassbar und nicht nachvollziehbar! Aber es ist so: Erst durch die lebensbedrohlichen Umstände wurden alle Teilnehmer wachgerüttelt.

Natürlich eine Erfahrung, die man nicht auf diese Art und Weise machen will. Aber freiwillig ist eben kaum einer bereit, etwas Wesentliches in seinem Leben zu ändern. In den Suchtgruppen lernt man dann viel über sich selbst. Und ja, das Klischee bestätigt sich immer wieder: Vieles wurde schon in der frühesten Kindheit angelegt. Deshalb sitzen auch die Schwierigkeiten, die sich im Laufe des Lebens einstellen, so tief in uns selbst.

Aber wer es nicht wagt, diese unsichtbaren Verwundungen aufzudecken und sich dem Leid zu stellen, wird sich auf wunderliche Weise immer wieder vor der gleichen zu überwindenden Hürde wiederfinden. Das kann man dann auch nicht mehr als Zufall bezeichnen; das ist Schicksal. Und genau deshalb sind ehemals Süchtige (sie nennen sich trockene Alkoholiker oder trockene Spieler) froh, ihr persönliches Hindernis überwunden zu haben.

Natürlich war die Zeit davor die Hölle und niemandem zu wünschen. Genau deshalb lohnt es sich auch, über den Tellerrand zu gucken und von den ehemals Suchtkranken zu lernen. Das Grübeln ist tatsächlich nur eine leichte Störung in unserer Psyche, wenn man es überhaupt so bezeichnen will. Doch die Tendenz könnte schon gelegt sein, dass wir letztlich auch depressiv werden. Das Problem mit uns selbst kann uns in eine Isolation führen. Die Gespräche mit unseren Kontakten und der Familie könnten gestört werden, weil wir selbst ein unliebsames Geheimnis mit uns herumtragen, dass wir nicht ansprechen möchten. Sie sollten sich aber auch nicht zu sehr unter Druck setzen.

Manchmal dauert es eine Zeit, bis man selbst dazu bereit ist, über solche Dinge mit seinen Mitmenschen offen zu sprechen. Es ist dann auch dieser Leidensdruck, der mit der Zeit aufgebaut wird, der sich im richtigen Moment Bahn verschafft. Und dann ist es auch der Augenblick, der es sein soll und in dem wir auch tatsächlich bereit sind, uns von alten Angewohnheiten zu trennen. Das kann auch nur die Überzeugung sein, dass wir alles allein schaffen können.

Gerade diese Eigenschaft, „sich Hilfe zu holen", ist in den Suchtgruppen immer wieder Thema. Es zieht sich wie ein roter Faden durch die Lebensgeschichte der Alkoholiker, Spieler und Drogensüchtigen. Bloß niemanden fragen und nicht zugeben, dass man Hilfe benötigt! Wer soll mir denn schon helfen, mein Leben in den Griff zu bekommen, wenn nicht ich selbst?

Ein recht unbekannter Erfolg der Selbsthilfegruppen ist auch die Wirkung des Übens. Die Gruppe fungiert eben auch als Übungsfeld. Plötzlich ist man selbst in der Lage, völlig neue Dinge auszuprobieren.

Im Alltag bin ich vielleicht immer der Stille und Zurückhaltende. Jetzt kann ich auch mal das Gegenteil ausprobieren. Direkt und impulsiv sein, Wortführer und Streiter. Wer im Alltag eher aufbrausend und schwer zu bremsen ist, hat hier die Möglichkeit, die Ruhe und Inaktivität zu pflegen. Auch treffen in Gruppen oft Kampfhähne aufeinander, die letztlich erkennen, dass sie deshalb Schwierigkeiten miteinander haben, weil sie sich so ähnlich sind. Das ist kurios und in der normalen Alltagswelt selten aufzulösen.

Manche Menschen laufen auch mit einem bestimmten Stigma durchs Leben, welches sich durch solche Gespräche plötzlich in Luft auflöst. Ich bin zu dick, ich bin zu klein, ich bin zu schüchtern oder keiner mag mich. Oft Probleme, die viel mehr in uns selbst sitzen, als dass sie uns von außen angeheftet werden. Erst wenn wir diese plakativen Sprüche akzeptieren und zu ernst nehmen, können sie sich an uns festsetzen.

Das Mysteriöse an Selbsthilfegruppen ist, dass der andere Mensch, der ja selbst betroffen ist, einem besser helfen kann als jeder Psychologe. Dies bestätigen auch viele Ärzte! Einerseits erkennt das Gegenüber ganz genau, wie man sich fühlt oder wie man in die Probleme hineingeraten ist, und andererseits nimmt man die Antworten der Gruppenmitglieder dankend an, weil sie von jemandem kommen, der exakt so „tickt" wie man selbst. Es ist fast so, als wenn man selbst in sich hineinschaut, aber eben durch die Augen eines anderen. Das schafft den gesunden Abstand und andererseits das genaue und realistische Hinschauen.

Mit solchen genauen Abbildern der Lebenssituation kann man große Schritte nach vorne machen. Denn das übliche „Kopf hoch, das wird schon" ist in manchen Lebenslagen wenig dienlich. Das kann auch schon mal heißen, dass der andere überfordert ist und die Problematik eher abwehrt. Das ist auch manchmal verständlich, aber wie gesagt, helfen tut nur derjenige, der wirklich gerne zuhört und in die Problematik vollständig eintaucht. Dazu kommt, dass der Umgang in solchen Gruppen immer sehr liebevoll ist und man keine Angst vor Ablehnung oder verletzender Kritik haben muss.

Ein weiteres Element der Selbsthilfegruppen ist die echte Begegnung. Was viele „Durchschnittsbürger" gar nicht mehr realisieren, ist, dass das heutige Zusammenleben so anonym geworden ist, dass die Menschen sich nicht mehr wirklich begegnen. Alle Gespräche verlaufen tiefer gesehen nur noch an der Oberfläche. Dadurch blenden wir alles Beschwerliche, aber eben auch alles Reale einfach aus.

Meist ist es der Bereich des Leidens, der für die meisten Menschen nicht zu ertragen ist. Denn bei solchen Gesprächen geht es oft um Existenzängste, Tod und wahre Gefühle. Nur in Extremsituationen blitzen dann manchmal in Gesprächen und Handlungen die wahren Schönheiten des Lebens auf. Schade für uns alle, dass wir nur in solchen Momenten bereit sind, die Masken fallen zu lassen.

stellen wollen. Schon Nietzsche warnte vor 200 Jahren, dass nichts in unserem Land den Fortschritt der menschlichen Entwicklung so sehr verhindert hat wie die deutsche Küche.

Heutzutage kommen dann noch die ganzen Geschmacksverstärker, Süßstoffe, Konservierungsstoffe, Farbstoffe usw. dazu! Das giftigste Nahrungsmittel Europas soll inzwischen Norweger-Lachs aus den Fischfarmen sein. Die Fische leben zu Millionen in Käfigen im Nordseewasser und sind höchst anfällig für alle möglichen Parasiten und Krankheiten. Daher werden täglich Chemie-Cocktails in die Wasserbecken geleitet. Nordseekrabben werden in Marokko bearbeitet und landen dort für 2 Wochen in einem Benzoesäurebad. Alles unglaubliche Geschichten. Ganz zu schweigen von den wochenlangen Transporten nach Afrika und wieder zurück.

Wir sehen im Fernsehen Talkshows, in denen man sich stundenlang über die Übergewichtigkeit der heutigen Jugend unterhält und alles rätselt, was in unserer Gesellschaft bloß los ist. Ein paar Wochen später folgt die nächste Sendung im Fernsehen, in der Wissenschaftler im Interview berichten, dass die Geschmacksverstärker in unseren Lebensmitteln dazu führen, dass wir mehr essen, als wir eigentlich bräuchten.

Und wer ist besonders davon betroffen? Die Kinder! Da fragt man sich wirklich, ob wir alle noch bei Verstand sind. So viele Fachleute, aber sie sitzen nicht an einem Tisch. So können wir natürlich noch ein paar Jahrzehnte weiter diskutieren und nichts wird passieren.

(F) In der chinesischen Medizin werden der Magen und die Milz im Zusammenhang mit vielen unserer gesundheitlichen Probleme in den Fokus genommen. Viele Patienten klagen bei uns über einen Blähbauch, Sodbrennen oder Völlefühl. Dann findet man viele Menschen mit Durchfall oder aber mit Verstopfungen.

In der chinesischen Medizin folgt dann sofort die Frage: Haben Sie Konzentrationsschwierigkeiten oder können Sie sich viele Dinge nicht merken? Haben Sie oft Kopfschmerzen im Stirnbereich und ein benebeltes Gefühl? Kommt dazu noch, dass die Beine sich schwer anfühlen, wegen

Wassereinlagerungen? Legt sich eine große Müdigkeit nach den Mahlzeiten über Sie? Gibt es Ess-Attacken und unangenehmen Mundgeruch? Und die letzte Frage erstaunt dann alle Patienten, die auf der Suche nach Hilfe sind: Grübeln Sie viel und machen sich Sorgen? Für die erstaunten Blicke gibt es dann nur eine Antwort: Weil dies ein klassisches Krankheitsbild ist!

Die Chinesen sprechen dabei von einer Störung unserer Mitte. Sie benutzen dabei das Bild vom „Schmoren im eigenen Saft". Die Ernährung der modernen Gesellschaft ist eben katastrophal. Sie stärkt nicht unseren Körper, sondern sie schwächt ihn.

Die chinesische Medizin betrachtet jetzt unsere Verdauungsorgane und dabei scheint für sie die Milz eine große Rolle zu spielen. Auch die Bauchspeicheldrüse wird hier mit in das „Boot der Betrachtung" hereingenommen. Der Magen und die Milz verwandeln alles, was wir essen und trinken, in bestimmte Stoffe um.

Der Körper erhält Nährenergie, Körperflüssigkeiten und Blut. Der Magen transportiert die festeren Bestandteile unserer Nahrung in den Darmbereich, wo diese Stoffe weiterverarbeitet werden. Die „klaren" Bestandteile werden dann von der Milz nach oben gebracht, das sind Nahrungsessenzen im Feinstoffbereich, Geschmäcker und Düfte und vieles mehr. Und jetzt werden eben auch geistige und emotionale Inhalte in unserer Mitte verdaut.

Daher ja auch der Spruch im Volksmund: Das schlägt mir auf den Magen. Jeder weiß, dass dieses Problem bis hin zum Magengeschwür besteht, aber selten wird versucht, dabei den Dingen wirklich auf den Grund zu gehen. Manchmal können wir unsere Gefühle eben nicht „verdauen". Die Eltern stritten sich schon damals am Essenstisch, schrien sich an oder schimpften auf die Kinder. Genauso aber bringt auch das eisige Schweigen unsere Psyche in Bedrängnis. Dazu kommt noch das hastige Herunterschlucken der Mahlzeiten. Wir haben es verlernt, so zu essen, dass wir die Nahrung auch richtig verdauen können.

Der Magen hat selbstverständlich mit der Verdauung zu tun. Was aber ist die Aufgabe der Milz in diesem Zusammenhang? Wichtige Faktoren, die

Magen und Milz für unseren Körper bereithalten, sind die Körperflüssigkeiten und das Blut. Schwächelt die Milz, weil sie nicht gut versorgt wird, entsteht nach der chinesischen Medizin das Phänomen der „Feuchtigkeit". Dies wird später noch besprochen.

Ein Zitat eines Meisters aus der chinesischen Medizin lautet: „Wenn du deine Gefühle verdauen kannst, kannst du alles verdauen!" (Gil Marin). Die Störungen unserer „Mitte" fangen meist schon in unserer Kindheit an. Das Ergebnis im Alter kann dann der weit verbreitete Reizdarm sein. Herrscht zu Hause Harmonie und fühlen wir uns geborgen, dann hilft das auch unserer „Mitte". Haben wir genug Pausen und Ruhezeiten? Können wir zu Hause einfach mal so sein, wie wir sind? Ist dem nicht so, entsteht bei den meisten dieser Süßhunger. Eis, Gummibärchen, Limonade usw. brauchen wir dann den ganzen Tag über und unser Zustand verschlechtert sich dadurch nur umso mehr.

Es geht darum, fürsorglich mit sich und anderen umzugehen, und wir dürfen uns selbst dabei nicht vergessen. Wer sich selbst nicht um seine Bedürfnisse kümmert, wird es bei anderen nur umso schlechter bewerkstelligen. Wer für sich selbst nicht sorgt, tut dies oft übergriffig und überkontrollierend für andere.

Die chinesische Medizin sagt jetzt, dass, wenn wir nicht genug Energie zum Verdauen haben oder dieser Vorgang gestört ist, der freie und ungehinderte Fluss in unserem Körper fehlt.

Gleichzeitig kreisen wir auch gedanklich immer um das gleiche, meist negative Zeug. Wir kommen einfach keinen Schritt mehr vorwärts und ein vermehrtes Grübeln stellt sich ein. Dann grübeln wir auch noch über unsere Sorgen und die Problematik verdichtet und verfestigt sich. Alles stockt und staut sich in uns und in unseren Gedanken und es entsteht ein Sumpf aus unverdautem Nahrungsbrei und „Gedankenmatsch".

Gewöhnen Sie sich das schnell ab. Einfach den Gedanken kurz und knapp „ade" sagen und sich auf anderes konzentrieren. Dann geht man lieber ein wenig spazieren oder räumt etwas zu Hause auf. In Aktion treten ist hier immer die beste Medizin.

Zu dem Thema der Feuchtigkeit im Körper, wenn die Milz nicht ordentlich arbeiten kann: Die Versorgung des Körpers wird immer schlechter und die Milz schafft nur noch den Transport eines „feuchten Schleiers". Hält dieser Zustand zu lange an, kann die Wärme des Körpers diese Stoffe regelrecht eindicken. Es entsteht ein undefinierbarer Schleim, der Zysten bilden kann, Gallensteine oder gar Tumore. Die Gefäße können verstopfen und wir erleiden Schwindelanfälle, Herzinfarkte oder Schlaganfälle.

Natürlich ist diese Betrachtungsweise für uns in der westlichen Welt sehr ungewohnt und wir müssen immer alles genau definieren und wissenschaftlich absichern. Jedoch ist es ja wirklich so, dass die Psyche genauso auf unser körperliches Wohlbefinden wirkt wie auch unser Körper auf die Psyche. Doch diese beiden Disziplinen wollen in unserem Weltbild nicht so recht zusammenkommen.

Selbst bei Krebs ist man sich scheinbar unter den Medizinern sehr uneinig. So war ich erstaunt, als ich im Fernsehen ein Interview mit einem führenden Professor der Krebsforschung sah, wie dieser sich zu dem Thema äußerte. Jahrzehntelang liest und hört man von Forschergruppen, die nun endlich den Ursachen des Krebses auf die Spur kommen wollen, oder dass nun endlich ein Durchbruch erfolgt sei und ein Medikament gefunden werden könnte. Und dann sagt dieser Professor: Wir gehen auch davon aus, dass Krebs vielleicht psychosomatische Ursachen hat. Denn die Zellen wuchern plötzlich und hören oft genauso plötzlich wieder mit dem krankhaften Wachstum auf. Die Vermutung liegt daher nahe, dass die Psyche des Menschen dabei eine große Rolle spielt.

Die chinesische *Diätetik schlägt Folgendes vor:

Möglichst wenig „kühlende" Nahrungsmittel. Dies betrifft die thermische Wirkung des Essens. Rohes Obst, Salate, Rohkost, Joghurt und Quark wirken kühlend, selbst Brot wird bei den Chinesen dazugezählt – auch alles andere, was aus dem Kühlschrank kommt, und vor allem die

Tiefkühlprodukte. Dabei spielt es keine Rolle, ob sie später im Kochtopf erhitzt werden, Diese Nahrungsmittel sollen auf den Körper eine kühlende Wirkung ausüben. Es wird daher den Patienten empfohlen, drei Mal am Tag eine warme Mahlzeit zu essen. Gedünstetes und gebratenes Gemüse, Hirsebrei, Milchreis, Porridge und dazu Obst, das zuvor gedünstet wurde. Zucker sollte möglichst wenig zu sich genommen werden; dafür können dann Trockenfrüchte eingesetzt werden.

Fette Speisen und Weißmehl sollten gemieden werden, genauso wie Milchprodukte. Wer auf Schokolade nicht verzichten kann, sollte dann zumindest die Bitter-Schokolade mit einem sehr hohen Kakaogehalt kaufen. Da nach der chinesischen Medizin die Milz am Abend kaum aktiv ist, wird empfohlen, abends nichts mehr zu essen. Wenn überhaupt, sollte man dann auf eine Suppe zurückgreifen. Beim Essen sollte man sich viel Zeit lassen und alle möglichen Störfaktoren vermeiden, wie Fernsehen, Smartphone usw.

Ein Vorreiter der ökologischen Bewegung der 70er Jahre berichtete damals Erstaunliches aus seiner Jugend.

---

*(Die Lehre von der Lebensweise. (Medizinische Sicht); aus dem Griechischen. In der Prävention als auch in der Therapie legt man besonders großen Wert auf die Ernährung.)

Mit 14 Jahren stellte er schon fest, dass die Menschen in seiner Umgebung ein merkwürdiges Essverhalten an den Tag legten. Sie sahen die Mahlzeiten als reine Energiezufuhr und beeilten sich sogar, mit dem Essen fertig zu werden. Er kaufte sich dann des Öfteren beim Bäcker ein Bio-Brot und setzte sich genüsslich an den Tisch. Er schnitt sich eine Scheibe ab und kaute minutenlang auf der Brotscheibe herum. Er versuchte, den eigentümlichen und wunderlichen Geschmack des Brotes zu erfassen. Durch das lange Kauen konnte er dann genau schmecken, welche wunderlichen Eigenschaften bezüglich Konsistenz und Geschmack das Brot tatsächlich hat. Er war begeistert und zelebrierte von nun an seine Mahlzeiten immer auf eine ähnliche Weise. Es ist doch unglaublich, wie so eine kleine Sache so wichtig sein kann: Für die eigene Gesundheit, für die Lebensweise und für unsere Seele. Jeder könnte es tun und es kostet uns nichts. Das Leben ist so einfach und doch so kompliziert!

Die Tipps für die „gesunde Mitte" lauten nun:

Kaltes meiden.

Stark befeuchtendes meiden.

Viele kleine Ruhezeiten am Tag.

Regelmäßig warm essen.

Die Seele pflegen.

Gefühle richtig verdauen.

Nicht grübeln und sich keine Sorgen machen.

In ruhiger Atmosphäre die Mahlzeiten einnehmen.

Regelmäßige Bewegungen oder Sport.

Viel warmes Wasser trinken.

Kommen wir nun zu den Betrachtungen in unserer westlichen Welt. Was uns für die Gesundung unseres Körpers und unserer Psyche noch fehlt, ist: Welche Nahrungsmittel nehmen wir eigentlich zu uns? Mehl ist ja nicht gleich Mehl und Äpfel sind nicht gleich Äpfel. In der heutigen Zeit muss man schon auf die Anbau- und Verarbeitungsmethoden schauen, wenn man seinem Körper etwas Gutes tun will. Gesunde Nahrungsmittel findet man in unserer modernen Gesellschaft nicht mehr allzu oft. Daher empfehle ich, möglichst dort einzukaufen (möglichst viel, so, wie es der Geldbeutel erlaubt), wo man sich tatsächlich noch Mühe gibt, den Menschen unbelastete und gesunde Nahrungsmittel bereitzustellen. Will man sicher gehen, findet man bei BIOLAND und DEMETER Produkte, die mit größter Anstrengung und Sorgfalt angebaut und verarbeitet wurden. Hier arbeiten viele Menschen im Hintergrund, denen die Gesundheit der Menschen am Herzen liegt. Es sei hier gesagt, dass auch die Ernährung immer nur ein Teil des „Ganzen“ ist. Übertreiben wir hier zu sehr, landen wir irgendwann in einer Öko-Diktatur.

Jeder sollte selbst entscheiden können, wie er sich ernähren und leben möchte. Was nützt uns ein gesunder Körper, eine saubere Welt oder eine klimaneutrale Produktion, wenn es keine freien Menschen mehr gibt? Das wäre dann noch viel krankmachender als jegliche ungesunden Nahrungsmittel, die wir vielleicht heute noch zu uns nehmen. Ohne freie Menschen ist unsere Geschichte am Ende! Dies sollte hier aus gegebenem Anlass nur kurz angesprochen werden.

Hören Sie nicht auf die immer gleichen Argumente unserer nörgelnden Zeitgenossen: „Wer weiß denn, ob das wirklich Bio ist?“, „Die spritzen doch auf dem Nachbarfeld ihr Getreide, dann ist das Bio-Getreide auch nicht mehr Bio!“, „Die gehen doch nachts heimlich aufs Feld und geben dann schnell den Kunstdünger auf ihr Gemüse“, „Das ist doch alles nur Geldmacherei. Alles ist Bio. Die verdienen sich nur eine goldene Nase“, „Der saure Regen und die Abgase der Autos und der Industrie landen doch auch auf dem Bio-Acker!“. Man könnte schon fast weinen, wenn man diese immer gleichen Sprüche hört. Es gibt sie allesamt schon seit den 80er Jahren. Deshalb nehmen Sie das mit einem Lächeln zur Kenntnis, vor allem, wenn es tatsächlich der gleiche Wortlaut ist. Wenn man das mit der Erziehung unserer Kinder vergleicht, könnte man auch sagen, „Wieso erziehst du dein Kind zu einem anständigen Menschen? Kommt es in den Kindergarten oder in die Schule, dann trifft es auf die unerzogenen Kinder und alles ist für die Katz“.

Produkte aus dem ökologischen Landbau sind für eine gesunde Ernährung unerlässlich. Wenn die Menschen wirklich wüssten, was sie jeden Tag zu sich nehmen, würden sie alle sofort zum Bio-Laden rennen. Viele gängige Ansichten muss man auch manchmal umkehren. Zum Beispiel ist es wirklich geradezu ein Wunder, dass unser Körper, trotz der massiven Angriffe durch die schlechte Nahrung, überhaupt noch arbeiten kann. Jeder sollte sich eigentlich freuen, dass er bis jetzt noch so ungeschoren davongekommen ist!

HEILKRÄUTER UND TEES

Um Körper, Seele und Geist zu beruhigen, sind hier einige Heilkräuter aufgelistet, die auch dem vermehrten Grübeln entgegenwirken können. Falls Sie Genaueres wissen möchten, suchen Sie immer einen Arzt oder Homöopathen auf. Allein die Wirkung von Pflanzen kann auf jeden Organismus so unterschiedlich sein, dass eine medizinische Beratung immer von Vorteil ist. Ansonsten obliegt es der eigenen Verantwortung, wie man die heilenden Kräuter aus der Natur verwendet.

Gerade Tees werden vielleicht in ihrer Bedeutung in der nahen Zukunft stark gewinnen. Denn es ist oft die „kleine Gabe", die es ausmacht, um körperlich, seelisch oder geistig auf ein gesundes Fundament gesetzt zu werden. Nicht umsonst haben die Homöopathen einen so großen Erfolg mit ihren Globuli. Die geringste Substanz kann das Größte bewirken. Diese Wahrheiten und Realitäten sind für viele Zeitgenossen leider nicht nachzuvollziehen, doch der Heilungserfolg dieser Methoden gibt den Homöopathen und den Menschen, die schon immer ihren Fokus auf die Wild- und Heilkräuter gerichtet haben, recht.

Melisse: Die Melisse wird hauptsächlich bei Stresssymptomen eingesetzt. Durch die ätherischen Öle und Saponine, die in den Blättern der Pflanze enthalten sind, erzielt man eine Beruhigung und Entspannung des Körpers und der Seele. Hauptsächlich kocht man aus den Blättern einen Tee. In der Aromatherapie nutzt man die Pflanze auch für Kräuterbäder. Im Verbund mit Baldrian und der Passionsblume greift man bei Schlafstörungen auch zur Melisse.

Die Melisse ist ein Lippenblütler und kommt meist im Mittelmeerraum vor. Die Bezeichnung kommt aus dem Griechischen und kann etwa mit „Honigbiene" übersetzt werden. Die Pflanze wurde früher vor Bienenstöcken angepflanzt, da die Bienen dieses Gewächs lieben. Zusätzlich haben die Blätter eine antiseptische Wirkung und die Imker reiben mit dem Pflanzensaft die Bienenstöcke aus.

Baldrian: Wirkt gegen eine Vielzahl von Stresssymptomen. Auch wirkt er der Nervosität entgegen. Dies ist eine echte Heilpflanze, die Alkaloide und ätherische Öle enthält. Dazu kommen noch über hundert andere wichtige Stoffe. Die Wirkung dieser Heilpflanzen steckt sozusagen noch in den Kinderschuhen. Die Stoffe des Baldrians - wie auch bei allen anderen Heilpflanzen - wirken synergetisch, das heißt, die Inhaltsstoffe wirken in einem Zusammenspiel, so dass man einzelne Wirkelemente nur schwer für eine bestimmte positive Auswirkung verantwortlich machen kann. Baldrian wirkt schlaffördernd und entspannend; auch unsere Ängste werden „gelöst". Wirkungsziel ist vor allem das zentrale Nervensystem. Man verwendet die Wurzeln, aus denen man einen Tee aufgießen kann. Ohne weiteres kann man die Substanzen des Baldrians aber auch in Kapseln oder als Tablettenform kaufen. Der Anwendungszeitraum soll nach den Erfahrungen der Ärzte und Patienten etwa nicht mehr als 4 Wochen betragen. Baldrian wird bei den folgenden Befunden eingenommen: Einschlafstörungen durch Stress, Beschwerden des Magen-Darm-Traktes, nervöse Unruhezustände und bei nervlichen Belastungen.

Der Baldrian gehört zu den Geißblattgewächsen und bildet darunter die Familie der Baldriangewächse. Man hat schon 150 bis 300 verschiedene Baldrianarten gezählt. Medizinische Anwendung findet der Echte Baldrian (Valeriana officinalis). Der Name stammt aus dem Lateinischen und leitet sich von „valere" ab. Dieses Wort bedeutet im Deutschen: Gesund sein, kräftig sein. Eventuell stammt der deutsche Name auch von Balder (Baldur), dem Lichtgott (nordisch), ab, Sohn von Frigga und Odin.

Johanniskraut: Schon immer ist in der Volksmedizin das Johanniskraut bei Schwermütigkeit verwendet worden. Als Unkraut, besser aber Wildkraut, kann man es überall in der Natur finden. Die wertvollen Inhaltsstoffe, die das Kraut so begehrt machen, sind die Flavonoide. Sie unterstützen und beeinflussen verschiedene Botenstoffe in unserem Körper. Auch hier löst sich die Angst und der Körper reagiert zudem mit einer merklichen Entspannung. Auch bei leichten Depressionen kommt das Kraut zum Einsatz, wie auch bei geistiger Überanstrengung und bei Schlafstörungen.

Nach der unmittelbaren Einnahme von Johanniskraut-Produkten ist eine Wirkung meist selten zu spüren, da die Inhaltsstoffe eher auf einen langen Zeitraum gesehen ihre positiven Kräfte entfalten. So kann es über Tage oder Wochen einen positiven Effekt geben und anfangs spürt man überhaupt keine Linderung. Aus Johanniskraut kann man einen Tee kochen oder man verwendet das Rotöl (gewonnen aus den Blüten) oder Kapseln.

Bei dieser Heilpflanze kann es allerdings zu Nebenwirkungen kommen, denn dieses Kraut wirkt stark auf den Körper. Einerseits sollte man bei empfindlicher Haut eine starke Sonneneinstrahlung meiden und andererseits stört es die Wirkung anderer Medikamente. Vor allem Antidepressiva können durch Johanniskraut abgemildert werden.

Das Echte Johanniskraut kommt in der Naturheilkunde zur Anwendung. Die Gattung der Johanniskräuter gehört zu den Hypericaceae. Früher wurde diese Pflanzenfamilie mit der Bezeichnung Hartheugewächse benannt. Ein alter Name dieser Pflanze ist auch Herrgottsblut. Weil am 24. Juni der Johannistag (Johannes der Täufer) ist und auch das Echte Johanniskraut um dieses Datum herum blüht, hat man es so benannt. Die Pflanzenteile gelten als leicht giftig und können auch bei Weidetieren zu Problemen führen, gerade, wenn sie von weißer Farbe sind und wenig Pigmente in ihrer Haut haben (Hartheukrankheit).

Passionsblume: Dieses Kraut ist eigentlich in den USA beheimatet. Daher ist es bei uns in Europa noch gar nicht so lange bekannt. Dies betrifft auch gerade die Heilkraft, die von dieser Pflanze ausgeht. Ein Tee aus den getrockneten Blättern kann bei Schlaflosigkeit angewendet werden. Das gilt auch für Symptome der Unruhe und leichten Zuständen der Angst.

Die Inhaltsstoffe der Passionsblume haben dabei eine besondere Wirkung auf bestimmte Eiweißstoffe, die sich in den Nervenzellen befinden. Diese Eiweiße dienen dem Körper als Botenstoffe. Untersuchungen über diese Wirkungen sind allerdings noch kaum durchgeführt worden und es liegen somit noch keine wissenschaftlichen Untersuchungen vor.

In der Volksmedizin der Amerikaner ist sie aber schon lange ein fester Bestandteil der Hausapotheke. Der Tee aus der Passionsblume hat aufgrund seiner vielen Inhaltsstoffe (Flavonoide, Phytosterine, Alkaloide) eine gesundende Wirkung auf den Menschen.

Vergleichbar, allerdings in abgeschwächter Form, ist diese Wirkung mit der der Antidepressiva. Die Wirkstoffe stimulieren die Gehirnzellen und das Bewusstsein wird gedämpft. Nicht alle Reize aus der Umwelt können uns direkt erreichen. Große Stressfaktoren können also dadurch von uns ferngehalten werden. Die Wirkstoffe der Passionsblume gibt es nicht nur in den Tees, sondern auch in Form von Dragees.

Das Kraut gehört zu den Passionsblumengewächsen und ist eine Kletterpflanze. Ihre Blüten haben ein außergewöhnliches Aussehen und können einen Durchmesser von bis zu 18 cm erreichen. Manche Passionsblumenarten sind sogar in der Lage, eine Form der *Mimikry hervorzubringen. Dabei verfärben sich die Blätter, um Schädlinge abzuhalten. Den Namen hat die Pflanze von der Passion Christi erhalten. Die Einwanderer erkannten damals in den Blüten verschiedene Symbole. Die 10 Apostel, die fünf Wunden Christi, die Kreuznägel usw. Die Indianer kannten schon die heilende, aber auch berauschende Wirkung dieser Pflanze.

Hopfen: Kaum jemand vermutet diese Kulturpflanze unter den Heilkräutern. Jeder Biertrinker weiß, dass es eine Zugabe bei der Herstellung seines Getränkes ist. Daher ist der Hopfenanbau in Süddeutschland natürlich weit verbreitet. Tatsächlich findet man den Hopfen auch meist nur in Heilkräuter-Mischungen. Sein Wirkungs-Anteil besteht dabei in der Stimulierung unseres Gehirns mit Hilfe seiner Bitterstoffe und ätherischen Öle. Hopfen ist in Tees enthalten, in Kapseln oder in verschiedenen Pulvern. Verwendet werden dabei nur bestimmte Pflanzenteile: Die Hopfenzapfen und die Drüsenhaare.

Die Wirkstoffe der Pflanze können Einschlafstörungen mildern sowie leichte Überanstrengungen abfedern. Im Zusammenspiel mit anderen

Heilkräutern wirkt er auch mit bei der Behandlung von leichten Angststörungen und verschiedenen psychischen Überlastungen. Daneben gibt es auch Kräuterbäder, die mit Hopfen angesetzt werden.

*(Bezeichnet in der Biologie die Nachahmung anderer Lebewesen, um sich selbst Vorteile zu verschaffen. Der Signalempfänger wird getäuscht, ob mit visuellen oder auditiven Mitteln. Dies kann eine Lockmimikry (Anlocken der Beute) oder aber eine Schutzmimikry (Abschreckung von Fressfeinden) sein.)

Der Echte Hopfen gehört zu den Hanfgewächsen und bildet die Gattung der Hopfen. Tatsächlich wurde er auch dem Bier deshalb zugefügt, weil er die Haltbarkeit des Getränkes verbesserte. Schon Hildegard von Bingen (1153 n. Chr.) wusste von seiner antiseptischen Kraft (Bitterstoffe).

Frische Hopfenzapfen können übrigens allergische Reaktionen bei Hautkontakt auslösen (Die Krankheit der Hopfenpflücker). Im Mittelalter nannte man den Hopfen „Humulus“. Daher leitet er sich wohl aus dem Slawischen chmele (Hopfen) ab, oder vom Altgermanischen humela/humel, was „Früchte tragend“ bedeutet.

Lavendel: Diese Pflanze stammt aus den Ländern, die das Mittelmeer umschließen. Heutzutage findet man sie aber auch immer mehr in den nördlicheren Breitengraden. Angststörungen kann sie mildern sowie auch übermäßigen Stress. Durch ihre ätherischen Öle, die sich in den Blättern und den Blüten befinden, wirkt sie positiv auf unseren Körper und eine Entspannung und Beruhigung tritt ein. Psychisch bedingte Störungen des Einschlafens und des Magen-Darm-Traktes kann sie beheben. Selbst bei leichten Depressionen wurde Lavendel schon erfolgreich eingesetzt.

Aus den getrockneten Blüten und Blättern lässt sich ein Tee herstellen. Der Anwendungszeitraum sollte allerdings begrenzt werden, da die Wirkung im Magen- und Darm-Trakt bei Menschen mit großer Empfindlichkeit zu Reizungen führen könnte.

Aus Lavendel kann man auch gut Öl herstellen, welches dann für die Aromatherapie Verwendung findet. Hier steht die Behandlung von Stress und Angststörungen im Vordergrund. Die Wirkung gegen

Bei stundenlanger Bildschirmarbeit und der permanenten Beanspruchung unseres Sehorgans kann dieser Stoff die negativen Auswirkungen innerhalb von ca. 2 Monaten sichtbar lindern. Dies hat man auch in Bezug auf den Grauen Star und das Sehen bei Nacht untersucht. Auch hier werden der Zustand und die Fähigkeiten unserer Augen verbessert.

Auch alle Zellen des Körpers werden gestärkt und sind besser geschützt. Dies gilt ebenso für die Blutgefäße. Die Stärkung der Zellen hat verschiedenste Auswirkungen.

Die Widerstandsfähigkeit gegen bestimmte Erkrankungen wächst: Osteoporose, Bluthochdruck und Probleme mit der Verdauung.

Weinkernmehl hat nun noch eine weitere Wirkung: Die Förderung der wichtigen Faserproteine, die die Geschmeidigkeit der Blutgefäßwände aufrechterhalten. Sind diese Proteine zu wenig in unserem Körper, verhärten die Gefäßwände und der Blutdruck steigt als Folgereaktion. Traubenkernmehl enthält wichtige Mineralstoffe wie Selen und Q10 sowie die Vitamine A, C und E. Bei Krebserkrankungen soll Weinkernmehl das Wachstum der Tumore hemmen und auch die negativen Auswirkungen der Chemotherapie lindern. In diesem Bereich ist die Wissenschaft aber noch nicht sehr weit und forscht dort intensiv weiter. Im Blut selbst soll sich auch der Blutzuckerspiegel positiv verändern. Die Aufnahme von Traubenkernmehl kann durch Gewebe, Haut und die Organe schnell vollzogen werden, da das Mehl die nötigen Voraussetzungen dafür erfüllt. Im Blutkreislauf sind die Wirkungen nämlich schon nach 10 bis 30 Minuten zu erkennen.

Bei Erkältungen und Krebserkrankungen ist es wichtig, sehr viel Vitamin C zu sich zu nehmen. Dies geschieht natürlich hauptsächlich durch unsere Nahrung. Aber OPC hat, wie oben schon erwähnt, eine wohl erstaunliche Wirkung auf dieses Vitamin. Es vervielfacht dessen Wirkung auf enorme Weise (dies gilt im geringeren Maße auch in Bezug auf Vitamin E und A).

Vitamin C wird vom Körper sehr schnell verbraucht und ebenso schnell wieder ausgeschieden. Bei vielen Erkrankungen ist es deshalb wichtig, dass wir dieses Vitamin immer wieder aufnehmen. Einer der größten Vitamin C-Lieferanten kann die Acerolakirsche sein. Aus diesem Grund wurde sie dem OPC beigefügt. Andere Früchte, die einen ähnlich hohen Anteil haben, sind *Camu-Camu, Hagebutten und Sanddorn.

Die Präparate in den Apotheken und Reformhäusern haben unterschiedliche Anteile an Weinkernmehl. Etwa 40-95 % sind üblich und auf der Verpackung sollte immer der Vermerk stehen, dass ein unabhängiges Institut das Produkt untersucht hat. Falls man sich mit der Dosierung von OPC unsicher ist, sollte man bei einem Körpergewicht von 80 kg etwa 400 mg reines OPC am Tag zu sich nehmen. Die Nutzung durch den Körper hält etwa 2-3 Tage an. Zu empfehlen sind eher die Kapseln, da bei einer längeren Aufbewahrung OPC in Pulverform etwas oxidieren kann.

Die Zirbeldrüse und unsere Gesundheit: Dieser mysteriösen Drüse sollte eine besondere Aufmerksamkeit geschenkt werden. Sie könnte unser aller Leben in Zukunft äußerst positiv beeinflussen, wenn man denn eben ihre Funktion weiter erforscht. Viele denken: Ach, das interessiert doch niemanden! Wenn es zu sehr in den wissenschaftlichen Bereich geht, versteht man sowieso nichts mehr und es wird auch zunehmend langweilig. Falsch! Mit dem richtigen Blickwinkel sind gerade Details und das wissenschaftliche Forschen für viele Menschen interessant. Wichtig ist nur, dass man die „Anschaulichkeit“ des Themas nicht verliert. Gerade das „in die Tiefe gehen“ kann für uns sehr wichtig sein, denn es ist oft übertragbar auf andere Gebiete unseres Lebens oder der Natur. Die Zirbeldrüse nennt sich in der medizinischen Sprache „Epiphysis cerebri“.

*(Camu-Camu ist ein Myrtengewächs aus Südamerika. Dieser Baum, oder aber auch Strauch, wächst hauptsächlich im Amazonasgebiet. Die Beeren des Camu-Camu sind etwa so groß wie unsere Kirsche, können aber auch doppelt so groß werden.)

Im Deutschen ist der Name wohl von der Zirbelkiefer abgeleitet. Die Form der Drüse ähnelt dem Zapfen dieser Kiefer. Diese kleine Drüse befindet sich auf der Rückseite des Mittelhirns im Epithalamus und wird als endokrine Drüse bezeichnet. Diese Drüse stellt das Hormon Melatonin her. Das

Gehirn registriert über die Augen, dass Dunkelheit herrscht, und gibt die Information an die Zirbeldrüse weiter, die dann dieses Neurohormon bildet. Im Blut wird dann durch den Körper das Hormon freigesetzt.

Melatonin ist bekannt für die Beeinflussung des Schlaf-Wach-Rhythmus des Menschen. Dies ist auch immer Thema im Bereich der Beleuchtung von Räumen, in denen wir arbeiten oder leben. Kunstlicht oder Neonlicht, wozu aber auch die neuen Energiesparlampen zählen, können diesen Rhythmus empfindlich stören. Die Folge davon können dann Schlafstörungen sein. Durch Untersuchungen hat man herausgefunden, dass Jugendliche, die dieses Hormon nicht in einer ausreichenden Dosis zur Verfügung haben, Schwierigkeiten in ihrer sexuellen Entwicklung bekommen. Entweder führt es bei ihnen zu einer sexuellen Frühreife oder aber gegenteilig zu einer Hemmung dieser sexuellen Entwicklung.

Den lateinischen Begriff „Epiphysis cerebri“ kann man übersetzen als „aufsitzender Teil auf dem Gehirn“. Die Drüse sitzt mitten im Gehirn an der Hirnwand des 3.Ventrikels.

Das Kuriose an der Zirbeldrüse ist, dass sie einerseits eine Drüse ist (endokrine Drüse), andererseits aber dem Epithalamus zugeordnet wird, also praktisch einem Teil des Zwischenhirns angehört. Das unterscheidet sie wesentlich von den anderen Drüsen des menschlichen Körpers. Die Zirbeldrüse hat beim Menschen folgende Ausmaße: Länge 6-8 mm und Breite 3-5 mm. Ihr Gewicht ist dabei auffallend unterschiedlich. Sie kann 80-500 Milligramm wiegen. Die Untersuchungen der Wissenschaft hat ergeben, dass sich die Zirbeldrüse im Alter immer mehr verkleinert, sozusagen zusammenschrumpft. Diese Altersentwicklung ist aber bei jedem Menschen sehr individuell ausgeprägt.

Die Vögel haben im Vergleich zu der Größe ihres Gehirns eine recht große Zirbeldrüse. Nachtaktive Tierarten dagegen besitzen nur recht kleine Drüsen. Große Zirbeldrüsen haben die Tiere in den kalten Regionen im Vergleich zur Größe ihres Gehirns. Bei den Tieren der wärmeren Breitengrade sieht es genau umgekehrt aus. Im Gewebe der Zirbeldrüse sammeln sich nach wissenschaftlichen Untersuchungen Kalkkonkremente, die in konzentrischen (kreisförmigen) Schichten auftreten. Sie werden als „Hirnsand“ bezeichnet.

Auch in anderen Teilen des Gehirns ist diese Substanz zu finden; doch die Wissenschaft konnte dessen Funktion oder Auswirkung erstaunlicherweise noch nicht herausfinden. Sicher sind sich die Experten nur, dass sich dieser „Hirnsand“ im Alter immer mehr ansammelt.

Ganz besonders interessant ist nun Folgendes: Bei einigen Tierarten ist diese Drüse selbst lichtempfindlich. Dazu gehören Fische, Vögel, Reptilien und Amphibien. Hier wird die Drüse dann auch als Scheitelauge bezeichnet. Spannend in diesem Zusammenhang sind die Aussagen der hinduistischen Mystiker, die sie schon vor hunderten von Jahren äußerten. Sie nannten die Zirbeldrüse das *7. Chakra (Kronen-Chakra). Damit wäre die Drüse eine Art von Organ, mit dem der Mensch die kosmische Energie wahrnehmen kann. Die Hypophyse galt den Hinduisten als das 6. Chakra.

Kurios ist nun auch, dass Nils Holmgren, ein schwedischer Anatom, 1918 entdeckte, dass es eine leichte Übereinstimmung der Netzhaut und der Zirbeldrüse bei Fröschen und Fischen gibt. Die Durchblutung der Zirbeldrüse ist zudem enorm hoch. Nur die Niere beim Menschen wird noch stärker durchblutet.

*(Chakra bedeutet Energiezentrum zwischen dem physischen und dem feinstofflichen Körper (Astralleib). Der Astralleib ist dem geistigen Teil des Individuums zugeordnet. Die Verbindung sollen dann sogenannte Energiekanäle herstellen.)

Mit höherem Alter sinkt die Aktivität der Zirbeldrüse und es wird weniger Melatonin bereitgestellt.

Einerseits wird der Alterungsprozess beschleunigt und andererseits erhöht sich die Anfälligkeit für verschiedenste Erkrankungen. Noch nicht wirklich gesichert ist die Fähigkeit der Drüse, einen weiteren Stoff herstellen zu können: Das Dimethyltryptamin (DMT). Es bewirkt zum Beispiel bei den Pflanzen, dass sie bei dem Verzehr durch den Menschen eine berauschende Wirkung auf diesen haben.

findet, kann man hier Aufschluss über seine Krankheit erfahren. Das Wort Homöopathie kommt aus dem Griechischen und bedeutet das „ähnliche Leiden“; Homoios = ähnlich, pathos = leiden. In der Homöopathie gibt es zum Ersten das Reiz- und Regulationsprinzip. Der Mensch wird als ganzheitlicher Organismus betrachtet. Bei einer Erkrankung entsteht demnach ein Ungleichgewicht, welches durch Reize wieder in den gesunden Zustand zurückgeführt werden sollte.

Das Augenmerk liegt dabei auf den körpereigenen Selbstheilungskräften. Diese werden genutzt und unterstützt, um diese zu aktivieren und den Körper dazu zu bringen, sich selbst wieder in einen gesunden Zustand zu versetzen. Dann gibt es noch das sogenannte „Ähnlichkeitsprinzip“, welches davon ausgeht, dass bestimmte Substanzen bei einem gesunden Menschen bestimmte Reaktionen hervorrufen.

---

*(Die Mariendistel wird im Volksmund auch als Wunderkraut bezeichnet. Sie gehört zur Familie der Korbblütler und wächst hauptsächlich im Mittelmeerraum. Verwechseln kann man sie mit unserer heimischen Kratzdistel. Diese Pflanze wurde schon vor hunderten von Jahren bei Pest und Malaria verwendet. Sie hat einen wichtigen Inhaltsstoff: das Silymarin. Dieser Wunderstoff ist besonders für unsere Leber wichtig. Silymarin verhindert das Eindringen giftiger Substanzen in die Leber und unterstützt andererseits die Bekämpfung von Giftstoffen, die sich bereits in der Leber befinden. Übrigens macht der Anbau in unseren Breitengraden keinen Sinn, da das Silymarin nur unter mediterranen Bedingungen in ausreichender Form in der Pflanze gebildet wird.)

Die Symptome, die dann auftreten, sind Ausgangspunkt für die Behandlung. Sie kennzeichnen die Reaktion eines gesunden Körpers. Hat nun ein kranker Mensch die gleichen oder ähnliche Symptome, so kann genau die Substanz zur Heilung führen, die das Gleiche bei einem gesunden Menschen hervorrufen würde.

Kurios sind nun die bekannten homöopathischen Potenzen! Sie arbeiten einfach gesagt mit dem Prinzip: „Weniger ist oft mehr“! Hat zum Beispiel ein Präparat die Potenz D7, so wurde grundlegend folgende Prozedur durchgeführt: Ein Tropfen der anzuwendenden Substanz wird im Verhältnis 1:10 in Wasser gelöst. Dies würde dann als die Potenz D1 bezeichnet. Jetzt wird aus dieser entstandenen Flüssigkeit wiederum ein Teil abgenommen und im gleichen Verhältnis 1:10 mit Wasser verdünnt. Dies macht man so lange, bis die Potenz D7 erreicht ist. Jeder Laie würde nun fragen: Wieso?

Dann ist ja kaum noch etwas von dem Wirkstoff da? Und genau das Gegenteil - jedenfalls in der Wirkung - ist der Fall. Es ist sogar so, dass, je höher die Potenz ist, die Wirksamkeit des Präparates am größten ist. Dies scheint unseren sämtlichen Erfahrungen zu widerzusprechen. Aber damit haben die Homöopathen Erfolg.

Vergleichen lässt sich dies vielleicht mit einem bestimmten Bild. Es ist wie ein „Aha-Erlebnis", das wir im Leben haben, nur dass dies eben nun auf körperlicher Ebene stattfindet. Uns sind zum Beispiel Millionen von Wörtern herangetragen worden und wir haben zehntausende Gespräche geführt, ohne dass sich in unserem Leben etwas Grundlegendes verändert hat. Doch dann erreicht uns vielleicht nur ein Satz, der uns fast umhaut. Er trifft uns so im Kern, dass ungeahnte Kräfte ausgelöst werden. Und dass gerade der Gegensatz besteht, dass von diesen ganzen Informationen, die wir bekommen haben, ohne dass sie uns wirklich geholfen hatten dann eine einzige Gabe erfolgt, die alles verändern könnte, das ist schier unfassbar. Durch diese Unverhältnismäßigkeit kann die Wirkung eben in einem Maße ausfallen, die uns völlig unbekannt ist.

Bei vermehrtem Grübeln und innerer Unruhe können folgende Präparate nützlich sein:

Damiana: Nervosität und Störungen des Schlafes

Rhus toxicodendrom: Ängste in der Nacht und starker Bewegungsdrang.

Arsenicum album: Unterschiedliche Ängste und Erschöpfung

Arnica: Überforderung und nervöse Herzbeschwerden

Argentum nitricum: Erwartungsangst und Herzbeschwerden.

Aconitum: Herzklopfen und Ängste

Chamomilla: Gereiztheit und Ungeduld bei Kindern

Calmavalera-Tabletten: Naturkundliches Arzneimittel. Störungen des Schlafes, Unruhe und nervöse Störungen. Der Körper wird auf natürliche

Weise zu einem positiven Effekt geführt. Die Tabletten enthalten 9 verschiedene Wirkstoffe.

Dies ist nur ein kleiner Überblick über das Verfahren der Homöopathie und deren Präparate. Für eine Behandlung und ein besseres Kennenlernen dieser Lehre sollte man am besten einen homöopathischen Arzt konsultieren.

Heilfasten: Das Fasten hat schon eine jahrtausendalte Tradition. Die Ägypter und die Griechen nutzten es in der Antike, aber auch die Kirche in ihren Klöstern. Beim Fasten verzichten wir auf unsere täglich gewohnten Nahrungsmittel und auch auf alle Genussmittel. Auch beim Heilfasten ist diese Zeit immer begrenzt, meist auf 5 Tage bis zu 5 Wochen. Ziel des Fastens ist es auch, im Nachhinein die ganze Ernährung auf ein positives Fundament zu stellen. Dazu gehört natürlich auch die vermehrte körperliche Betätigung, wie zum Beispiel Sport, Wandern oder Tanzen.

Das Fasten soll unseren Körper reinigen. Der ganze Stoffwechsel wird entlastet und der Organismus des Menschen wird von den schädlichen Substanzen befreit. Viele sprechen bei diesem Vorgang auch von einer Entschlackung. Zum Abnehmen an sich ist das Fasten nicht gedacht. Es kann natürlich auch ein positiver Nebeneffekt sein, wenn wir auch die Übergewichtigkeit verlieren. Nur wegen des Gewichtsverlusts zu fasten, kann aber sogar gefährlich sein, wenn man das Ideal einer schlanken Figur erreichen will. Bekannt ist ja, dass die Magersüchtigen gerade mit solchen Ansinnen in ihre Krankheit hineingerutscht sind. Die „Sucht", abzunehmen, verselbstständigt sich und derjenige kann dieses krankhafte Verhalten nicht mehr stoppen. Die Umgebung verstärkt sogar das Problem noch, denn der Magersüchtige wird noch von allen Seiten für sein Durchhaltevermögen gelobt. Der Süchtige selber hungert psychisch nach Anerkennung und bekommt sie kurioserweise durch sein Suchtverhalten.

Wer fasten will, sollte sich dafür ein Buch zur Begleitung kaufen oder Anleitungen im Internet durchlesen, die sehr hilfreich sein können. Beim Fasten sollte man pro Tag etwa 2,5 Liter stilles Wasser trinken, auch weil beim Fasten vermehrt überflüssige Stoffe aus dem Körper abtransportiert werden müssen. Neben dem Trinken von Wasser können natürlich auch verschiedene Tees verwendet werden. Diese Flüssigkeitsmengen sind dann in der Tagesration von 2,5 Litern enthalten. Vor dem eigentlichen Fasten wird empfohlen, seinen Magen sozusagen zu leeren. Dafür hat sich in Wasser gelöstes Glaubersalz als nützlich erwiesen.

Glaubersalz war in den 90er Jahren teilweise recht umstritten und es wurde in den Zeitungen davor abgeraten. Heute greift man aber wieder nach diesem bewährten Mittel zurück. Gerade Stuhlreste im Darm können letztlich viel größere Probleme nach sich ziehen. Glaubersalz kann natürlich, wie viele andere Abführmittel auch, bei häufigerem, aber auch einmaligem Einsatz die Darmflora außer Gefecht setzen. Doch bei gesundem Magen ist dies selten ein Problem. Denn es geht ja auch gerade um den Magen-Darm-Trakt, der sich regenerieren soll. Will man das Fasten etwas erleichtern, kann man auch gut einige Säfte in der Fastenwoche trinken. Diese Säfte sollten nicht zu viel gezuckert sein. Kleine Mengen über den Tag hinweg können getrunken werden, somit bekommt man auch noch wichtige Vitamine und Vitalstoffe für den Körper. Selbst bei Erkrankungen werden in Therapien Heilfasten-Kuren durchgeführt. Dies gilt für Darmerkrankungen, Verdauungsstörungen, Hauterkrankungen, Gefäßerkrankungen, Erkrankungen der Gelenke und rheumatische Erkrankungen.

Doch auch bei akuten körperlichen Beschwerden kann das Fasten eingesetzt werden. Viele überflüssige oder giftige Stoffe werden aus dem Körper ausgeleitet. Das Heilfasten unterstützt Ihr Körperbewusstsein und hilft für die Zukunft ein vielleicht harmonischeres und gesunderes Leben zu führen. Der Körper ist eine wichtige Basis für eine gesunde Psyche bzw. gesunde Seele. Recht unbekannt ist die Tatsache, dass der Magen-Darm-Trakt allein 70 % unserer Energie, die wir durch die Nahrung aufnehmen, benötigt, um zu verdauen. Das bedeutet, dass wir, wenn wir fasten und nur einen Bruchteil der Nahrung zu uns nehmen wie vorher, einen Großteil des Essens gar nicht mehr benötigen, weil der Magen kaum noch aktiv ist. Bei schwerwiegenden Erkrankungen ist vom Fasten abzuraten. Im Zweifelsfall kann man jederzeit seinen Hausarzt zu dem Thema befragen.

Magen und Darm: Gerade wieder höchstaktuell in den alternativen Medien ist das Thema „Magen und Darm". Für bestimmte Stoffe sind unsere Darmwände durchlässig. Es mehren sich aber die Stimmen, dass bei Erkrankungen und Fehlernährung die Darmwände durchlässiger werden. Das kann sich dann negativ auf unseren ganzen Körper auswirken. Der Begriff dafür ist „Leaky Gut Syndrom", übersetzt: der „undichte Darm". In diesen Fällen können schädliche Substanzen oder Anteile unserer Nahrung die Darmflora und die Darmwände schädigen. Wird die Darmwand dann durchlässiger, so können die giftigen Substanzen in den Blutkreislauf gelangen. Das gilt natürlich genauso für Stoffe in der Nahrung, die einfach nicht in das Blut gelangen sollen. Wie in den Zellen der Pflanzen, handelt es sich um die sogenannten semipermeablen Zellwände. Das ist ein Körpergewebe, das teildurchlässig ist. Der Körper hat hier eine selektive Darmbarriere aufgebaut. Bestimmte Stoffe sollen und müssen die Darmwand passieren, andere natürlich nicht. Bei schädlichen Substanzen sind das Pilze, Schadstoffe und Bakterien.

Erstaunlich ist die Oberfläche unserer Verdauungsorgane, wenn man auch noch die Mundhöhle dazunimmt. Es ist eine Fläche von 500 m². Der Darm misst insgesamt eine Länge von 8 Metern. Die Durchlässigkeit des Darms kann auch allein von der gestörten Darmflora herrühren. Eine Fehlbesiedlung des Darms mit Bakterien nennt man Dysbiose. Wird dieser Zustand chronisch, so sprechen die Ärzte von einer niedriggradigen Entzündung. Doch diese Durchlässigkeit ist weit mehr verbreitet, als sich viele vorstellen. Neben den Bakterien kann oft sogar Stuhl durch die Darmwand in das Blut gelangen. Der Körper erleidet dann ständig irgendwelche Entzündungen, ohne dass wir die Ursache tatsächlich bemerken. Der Körper ist dann ständig damit beschäftigt, diesen „Angriff" abzuwehren. Schon das „zu fette Essen" kann ein Ungleichgewicht der Darmflora nach sich ziehen. Die „löchrigen Barrieren" können nun Grund für viele unserer Erkrankungen sein. Dieser Zusammenhang wird nicht selten bei Patienten festgestellt. In der Gesellschaft ist dieser Umstand aber nach wie vor recht unbekannt. Ein paar dieser Erkrankungen, die auch mit dem Problem unseres Magen-Darm-Trakts zusammenhängen, können sein: Depressionen, Diabetes-Typ-1, Asthma, Herz-Kreislauf-Erkrankungen, Arthritis, Allergien und rheumatoide Arthritis. Symptome dieser Fehlentwicklung sind dann oft Atembeschwerden, Sodbrennen, Verstopfung, Schlafprobleme, Blähungen, Zahnfleischbluten und Antriebslosigkeit.

Eine weitere Fehlernährung, die zu Problemen in der Darmflora führen kann, ist ein Mangel an gewissen Kohlenhydraten in der Nahrung. Dabei ist der Magen dann mit diesen Kohlenhydraten unterversorgt und kann die wichtige Buttersäure nicht herstellen. Diese wird aus unverdaulichen Kohlenhydraten gebildet. Damit ist die Ernährung immer eines der wichtigsten Faktoren für eine gute Darmflora.

Für seine Gesundung benötigt der Darm vor allem Zink, Glutamin, Probiotika und Enzyme. Um die Darmflora zu verbessern, kann man auf bestimmte Nahrungsmittel ganz oder zum Teil verzichten. Dies gilt aber hauptsächlich bei einer Erkrankung des Magen-Darm-Traktes: *Getreide, *Reis, *Kartoffeln, gezuckerte Getränke, *Hülsenfrüchte, Zucker und Süßwaren gehören dazu. Gesundend auf die Darmflora wirken sich Omega-3-Fettsäuren, L-Glutamin und Zink aus. Das Fasten wirkt sich also positiv auf unseren Verdauungstrakt aus. Das ganze System von Magen und Darm wird neu aktiviert und die Darmflora wird sich regenerieren. Diese Methode des Heilfastens ist hunderte von Jahren alt.

Sonnenlicht und Lichttherapie: Die Lichttherapie und das Sonnenlicht können ihre Stimmung erheblich verbessern. Dies kann zum Beispiel mit einer speziellen Lampe durchgeführt werden, vor der Sie jeden Morgen 30 bis 60 Minuten lange sitzen. Das Licht, das diese Lampen erzeugen, ist recht hell und wird in Lux gemessen. Diese Lampen sollen das fehlende Tageslicht in den Wintermonaten ersetzen. Ihre Stimmung wird dadurch verbessert, dass das Gehirn die Zirbeldrüse zur Produktion von Melatonin anregt.

Dieses Hormon verbessert Ihren Schlaf, da es genau diesen Rhythmus für den Menschen regelt. Gleichzeitig bewirkt das verstärkte Licht dann eine vermehrte Produktion von Serotonin, dem Gegenspieler des Melatonins.

(A)(B)((*(Auf diese Nahrungsmittel muss man nicht vollkommen verzichten. Es reicht aus, wenn man sie mehr oder weniger reduziert.)

Das Serotonin beeinflusst Ihre Stimmung und ist dem „Wach-Rhythmus" zugeordnet. Die Leuchten der Lichttherapie filtern die schädlichen ultravioletten (UV) Strahlen heraus, sodass für gesunde Menschen (bezüglich der Augen und der Haut) keine Gefahr von Augen- oder Hautschädigungen besteht (Bei Augenschäden oder bestimmter Einnahme von Medikamenten ist diese Therapieform nicht zu empfehlen).

Die Anwendung der Lichttherapie sollte morgens erfolgen. Man empfiehlt die Zeitspanne vor 9:00 Uhr zu legen. Die Ergebnisse sind oft für einen relativ kurzfristigen Erfolg gedacht und werden Sie natürlich nicht für Monate oder Jahre in einen besseren Zustand versetzen. Eine Verbesserung Ihres Gemütszustandes kann dafür allerdings sehr schnell erfolgen. Erfahrungen zeigen, dass schon nach einer Woche eine Besserung auftritt. Bei einigen Probanden können auch Nebenwirkungen auftreten: Erregung oder Reizbarkeit, Augenbelastung, Kopfschmerzen, Schlafprobleme, verschwommene Sicht und Müdigkeit. Diese Nebenwirkungen treten aber nur recht kurz auf und sollten beim Hausarzt geklärt werden, falls sie besonders unangenehm ausfallen.

Wenn Sie die Lichttherapie nutzen, sollten Sie sich immer schräg seitlich zur Lichtquelle positionieren und nicht direkt in die Lampe schauen. Eine Lampe mit Vollspektrum-Licht und einer Belichtung von mindestens 10.000 Lux ist zu empfehlen. Zum Vergleich bietet ein sonniger Tag mindestens 50.000 Lux!

(G) Die beste Möglichkeit, sich mit Licht „zu versorgen", ist natürlich die Sonne. Sie wirkt einerseits auf unser Gemüt und andererseits facht sie die Produktion von Vitamin D in unserem Körper an. Vitamin D ist eine Gruppe von fettlöslichen Substanzen, die der Körper für seinen Stoffwechsel braucht. Dabei gilt das Vitamin D3 als wichtigstes Element dieser

Vitamin-Gruppe. Es wird Cholecalciferol genannt. Erst in der Leber werden die D-Vitamine so umgewandelt, dass sie von unserem Körper eingesetzt werden können.

Vitamin D beeinflusst unsere Stimmung, reguliert den Mineralstoffhaushalt und ermöglicht die Aufnahme verschiedener Substanzen aus unserer Nahrung (Phosphate, Magnesium und Kalzium). Die Haut des Menschen kann die UV-B Strahlung der Sonne nutzen, um Vitamin D3 herzustellen bzw. die Vorstufen, deren Weiterverarbeitung, wie schon erwähnt, die Leber vornimmt. Schon wenige Minuten in der Sonne können dafür ausreichen. Hohe Lichtschutzfaktoren von Sonnencremes verhindern allerdings diese wertvolle Umwandlung der Einstrahlung. Vitamin D gilt als der wichtigste Botenstoff zum Knochenaufbau. Es wird benötigt, um Kalzium in unsere Knochenstruktur einzufügen. Ein Mangel an diesem Vitamin ist daran zu erkennen, dass Sie schwächere Muskeln haben und die Knochen nicht so stabil sind, wie sie sein sollten. Vitamin D soll zwar angeblich keinen Darmkrebs heilen können, allerdings führt der Mangel an diesem Vitamin andersherum nachweislich oft zu dieser Krebsart. Also wird das Krebsrisiko auf jeden Fall durch die ausreichende Versorgung mit Vitamin D gesenkt.

Selbst die Bezeichnung von Vitaminen dieser D-Gruppe ist nicht eindeutig. Denn die Wissenschaft verwendet den Begriff „Vitamin" eigentlich nur für Stoffe, die der Körper nicht selbst synthetisieren kann, die also nur über die Nahrung bzw. andere Faktoren aufgenommen werden können. Und Vitamin D3 kann der Körper tatsächlich (wenn auch nur in sehr geringen Mengen) auch selbst herstellen. Vitamin D2 ist übrigens viel in Fisch enthalten.

Sport und Fitness: Sport ist immer eine Bereicherung für unser Leben. Dabei geht der eine lieber ins Fitness-Studio und der andere sucht eher nach einem Mannschaftssport. Viele üben auch Sportarten aus, bei denen immer zwei Spieler gegeneinander antreten, wie z. B. Tennis, Squash, Tischtennis oder Badminton. Überall hat man auf jeden Fall auch Kontakt zu anderen Sportlern und dadurch kommt das Gesellige auch nicht zu kurz.

Für die Seele und unseren Körper sind die Auswirkungen des Sports nicht zu unterschätzen. Der ganze Organismus kommt in Bewegung und stößt auf gesunde Weise auch mal an seine Grenzen. Der Stoffumsatz wird dadurch enorm gesteigert und der Körper kommt auf diese Weise zu neuen Kräften. Jeder kennt den Effekt, den eine sportliche Ausübung am gleichen oder nächsten Tag zeigt. Sie fühlen sich einerseits „geschafft“, aber eben auch wie „neu geboren“.

Wandern und spazieren gehen: Diese Aktivität lässt sich Gott sei Dank für jeden sofort durchführen. Wer wandert oder viel spazieren geht, kann hier auch schon den Einstieg in eine sportliche Betätigung finden. Die Effekte sind ja in abgeschwächter Form auch hier zu finden, wenn man nicht gerade eine aufreibende und lange Wanderung hinter sich hat. Dann wurde Ihr Körper sicherlich auch bis an seine Grenzen beansprucht.

Das **Gehen** soll ja eine der gesündesten Bewegungsformen sein, da es sich um die natürlichste Form der Fortbewegung des Menschen handeln soll. Auch wer vielleicht einige körperliche Handicaps hat, kann mit dem Wandern und Spazierengehen eine leichte und dennoch anspruchsvolle Variante des Sports durchführen.

Was viele Sportarten demgegenüber oft nicht anbieten können, ist der **Aufenthalt in der Natur**. Was für ein Gewinn ist es, neben der körperlichen Betätigung gleichzeitig die Gerüche, Farben und Schönheiten der Umgebung in sich aufzunehmen? Zwischendurch kann man einfach eine Pause machen, sich an einen See oder in den Wald setzen und einfach mal den Augenblick und das Wunder der Natur in sich aufnehmen.

Beim Wandern hat man zudem die Garantie, dass der Körper niemals einseitig belastet wird; seien es der Rücken, die Muskeln oder die Extremitäten. Einzig auf das Schuhwerk sollte man achten, weil sich ungesunde Schuhe negativ auf Rücken und Gelenke auswirken können.

Tanzen: Mit dem Tanzen können wir wieder die Leichtigkeit in unser Leben bringen. Das braucht es gerade heute in unserer beschwerlichen Zeit. Es geht um das Erlebnis der Gemeinschaft, der Bewegung, der Musik und der Freude am Tanz. Ob Sie sich nun für die Tanzschule oder Volkstanzgruppe entscheiden, ist einerlei. Leider sind aber die Volkstanzgruppen sehr aus der Mode gekommen. Gerade bei diesen Tänzen finden Sie aber schöne Konstellationen, die sehr vielfältig ausgeprägt sind. Sie wurden früher deshalb so gerne praktiziert, weil sie auch auf das Bedürfnis, mit mehreren Menschen zusammen einen Tanz durchzuführen, eingingen. Dabei findet man in allen Kulturen oft recht ähnliche Prozeduren.

Spezielle Tänze, wie zum Beispiel der **Flamenco**, haben eine lange Tradition und sind auch aus diesem Grund wertvoll für unsere Entwicklung. Der Flamenco stammt aus Andalusien und wird traditionell von der Gitarre begleitet. Die Tänzer schlüpfen dazu in ihre typische Flamencokleidung. Solche speziellen Tanzgruppen findet man heutzutage in jeder Großstadt.

Eine tanzähnliche Kunst ist die **Eurythmie**. Sie ist eine Bewegungskunst der Anthroposophie und zählt zu den darstellenden Künsten. Für den medizinischen Bereich wurde sogar eine Heileurythmie entwickelt. In der Eurythmie lernt man, wie die Sprache und die Musik durch die menschlichen Bewegungen sichtbar gemacht werden können.

Alle diese „Varianten“ tragen zu einem besseren Körpergefühl bei und lassen uns bis in die Körperlichkeit hinein kreativ werden. Sie verbinden Bewegung mit Freude und Sie können sich mit all Ihren Beschwernissen neu erleben. Eine wörtlich „tänzerische Leichtigkeit“ kann sich in Ihrem Leben manifestieren.

Der Weg der Religiosität

DIE SICHT AUF DIE GEDANKEN IN DER INDISCHEN PHILOSOPHIE

Um dem Wesen der Gedanken auf den Grund zu gehen, lohnt es sich manchmal, in andere Kulturbereiche hineinzuschauen. In Indien zum Beispiel, auch wenn den meisten die Weisheiten der Gurus wenig zusagen - um es vorsichtig auszudrücken - gibt es sehr schöne Gedankenbilder. Sadhguru hat einige wichtige Aspekte über das Phänomen der Gedanken geäußert: Der Gedanke ist vorerst keine Realität. Erst wenn man ihm zu viel Beachtung schenkt, kann er unser Leben beeinflussen. Dabei geht es natürlich vordringlich um die negativen Gedanken. Diese sind uns nicht lieb. Das Negative am Denken ist es, wenn wir nicht bewusst denken. Praktisch erschafft man diese negativen Gedanken und bekämpft sie dann. Entweder es gibt einen bewussten Gedanken oder er ist nicht relevant.

Man kann diese unbewussten Gedanken auch als geistigen Müll bezeichnen. Die Inder nennen es auch das Geplapper unserer Gedanken. „Wie stoppe ich meinen Verstand?“ ist daraufhin die unsinnige Frage der westlichen Zivilisation. Dabei kann der Mensch eigentlich froh sein, dass sich in den Jahrtausenden für ihn ein solch geniales Werkzeug gebildet hat.

Der Gedanke an sich ist ja nicht real. Geben wir aber den negativen Gedanken eine Bedeutung, dann ziehen sie uns seelisch herunter, obwohl sie, wie gesagt, eigentlich nur flüchtig durch unseren Verstand „huschen“. Andererseits sagt die Geisteswissenschaft, dass das, was wir denken, Realität wird. Also können wir praktisch entscheiden, ob unsere Gedanken eine Bedeutung bekommen sollen oder nicht. Es ist so ein wenig wie in der Ballade von J. W. von Goethe „Der Zauberlehrling“: „Herr, die Not ist groß! Die ich rief, die Geister werd‘ ich nun nicht los“. Somit müssen wir schon in der ersten Phase dieser Entwicklung dem Grübeln Einhalt gebieten. Sonst dreht sich diese Gedankenmühle immer weiter und lässt uns nicht zur Ruhe kommen. Sadhguru gibt noch folgende Anregung: Haben Sie einen Abstand zu Ihrem Denken, so ist es kein Problem, was Ihnen gerade durch den Kopf geht. Es ist so, wie wenn Sie in einem Stau stecken. Man quält sich durch den Verkehr und möchte verzweifeln. Jetzt sitzt man zum Beispiel in einem Heißluftballon und schaut genau auf diesen Stau hinab. Man sieht auf der Straße einen langen Stau. Die Geräusche der Motoren sind nicht zu hören. Von hier aus sieht der Stau recht lustig und interessant aus – weil da ein Abstand ist. Unser Verstand ist ein Wunder und solange wir einen Abstand dazu haben, ist da auch überhaupt kein Problem.

Die indischen Weisen gehen davon aus, dass man etwas Schlechtes konsumiert hat, wenn da plötzlich diffuse Gedanken durch unseren Kopf schießen. Die Ursache dieses Problems muss dann abgestellt werden, nicht unser Verstand. Wir können nicht gegen uns selbst kämpfen. Man identifiziert sich in manchen Momenten mit Dingen, die nicht zu einem gehören; das sind dann nicht wir. Dann kommen Gedanken, die nicht gut für einen sind. Identifizieren Sie sich mit dem, was Sie im Leben machen, dann werden Ihnen die Gedanken immer folgen.

Ein Vergleich mit unseren körperlichen Bewegungen ist hier nützlich. Ich kann meine Hände so bewegen, wie ich es will. Ich kann sie ausstrecken, drehen und sonst alles Mögliche mit ihnen tun. Sie folgen genau dem, was ich sie tun lassen möchte. Mit den Gedanken ist es nichts anderes. Würde ich jetzt mit den Händen den ganzen Tag herumfuchteln und merkwürdige Bewegungen machen, so würde ich mich lächerlich machen. Genau das Gleiche ist es aber auch mit unseren Gedanken. Der einzige Trost, den wir haben, ist, dass es keiner sieht, außer wir selbst. Das Schwierige ist, dass unsere wichtigste Fähigkeit, die wir haben, außer Kontrolle ist. Der Verstand sollte nicht die ganze Zeit seine eigenen Geschichten erzählen. Er soll die Geschichten erzählen, die wir ihn erzählen lassen wollen. Ansonsten ist der Verstand ein ziemlich großer Quälgeist.

Auch die Depression, die dann ja schon eine psychische Krankheit ist, beschreiben die indischen Weisen folgendermaßen: Sie sind in der Lage,

ausgelassen. Ich suche ja gerade solche Momente, wo ich mit Alkohol und Freunden ausgelassen feiern kann. – Aber Freude, Tanz und lustig zu sein ist ja nicht das Thema. Jeder Mensch braucht das und sehnt sich danach. Die Ausgelassenheit ist eben ein übertriebenes Ausleben unserer Wünsche und Träume. So ein Tun hat etwas Unreales und Kurzlebiges. Sich darüber Gedanken zu machen, bereitet den meisten Menschen Schmerzen. Doch anstatt dem auf den Grund zu gehen, wählen sie die Taktik des Abwehrens. Sie wollen sich darüber keine Gedanken machen und sagen einfach, dass es nicht stimmt. Das ist auch der Grund, weshalb viele über solche Weisheiten hinweglesen. Sicherlich macht man das nicht unbedingt mit Absicht. Und dann kommt in dem Aphorismus sozusagen die Bestätigung dieser Definition. Die Mutter der Ausgelassenheit ist eben die Trostlosigkeit. Als Bedeutung liest man heute in den Nachschlagewerken: „Unbekümmerte, überschäumende Fröhlichkeit". Man könnte auch sagen: Pathologische Fröhlichkeit.

Beim Yogawiki liest man sogar: „Die Ausgelassenheit ist eine wichtige Tugend, die als Gegenpol zur Selbstkontrolle dienen kann". Wer noch einen Brockhaus im Regal stehen hat, liest dagegen: „ausgelassen" wurde im 16. Jahrhundert noch mit „freigelassen" bezeichnet. Die Bedeutung ist im allgemeinen Sprachgebrauch „übermütig" und „maßlos lustig". Im Internet findet man dagegen wenig zum Begriff der Ausgelassenheit. Zusammenfassend kann man sagen, dass der Mensch deshalb eine Ausgelassenheit an den Tag legt, weil er im Grunde seiner Seele einsam, allein und mit seinem Leben unzufrieden ist. Er überdeckt seine Trostlosigkeit mit dem Mantel der übertriebenen Fröhlichkeit.

Und vielleicht ist auch hier ein Grund, warum wir im „stillen Kämmerlein" grübeln. Wir können unser Unglück nicht teilen und wissen nicht, wie wir unser Leben sinnvoller gestalten sollen. Als Ventil kann dann eine Ausgelassenheit fungieren, um diesen inneren Druck ablassen zu können. Das ist natürlich bei jedem individuell zu betrachten und für einige gibt es dann andere Möglichkeiten, um sich von der Unzufriedenheit abzulenken. Aber es ist ja auch irgendwie eine Erleichterung, wenn man sieht, dass viele

Menschen vor den gleichen Problemen stehen wie man selbst. Man ist nicht allein und erkennt sehr wohl, dass eine übertriebene Fröhlichkeit auch Ausdruck unserer eigenen, bedenklichen Befindlichkeit ist. Überlagern Sie nicht einfach Ihre Problematik, sondern wagen Sie sich auch an die leidvollen Themen heran, denn erst dann werden Sie sich glücklicher und zufriedener fühlen.

Die Meditation: In aller Munde ist heutzutage die Meditation. Selbst in den Kirchen steht man inzwischen diesem Thema offen gegenüber. In den östlichen Religionen war es schon immer Bestandteil ihrer Lehren. Doch eine gewisse Zurückhaltung diesem Thema gegenüber ist auch manchmal angebracht. Denn es ist nicht unwichtig, wie die Inhalte aussehen, mit denen wir die Meditation durchführen. Dabei ist unbedingt zwischen dem „östlichen" und dem „westlichen Weg" zu unterscheiden. Die östlichen Kulturen haben diesbezüglich eine viel längere Tradition. Sie versetzen sich bei der Meditation in einen Zustand der Leere und versuchen, mit dem Bewusstsein in andere Welten einzutauchen. Nichts anderes wird auch in den westlichen Kulturen versucht, jedoch soll hier ein strenger Inhalt in die Meditation eingefügt sein. Der Mensch der westlichen Hemisphäre ist sehr kopfgesteuert und verliert sich schnell in inhaltslosen Praktiken der Fokussierung. Die Unterschiede dieser Länder des Ostens und des Westens kann man sehr gut in ihrer gesamten Entwicklung beobachten. Der Westen ist, was die Technik und die Wirtschaft betrifft, bis heute noch sehr überlegen. Auch die Versorgung und die politischen Gegebenheiten sind weit besser organisiert, als das in den östlichen Ländern der Fall ist. Dafür lebt der Mensch der östlichen Kulturen viel mehr in einer Gemeinschaft der Familien, Nachbarn und des ganzen Dorfes. Das Zusammenkommen steht für sie im Vordergrund und nicht so sehr der materielle Wohlstand. Diese Menschen werden auch weitaus weniger von Depressionen und anderen psychischen Krankheiten geplagt.

Die Meditation in unseren Breitengraden sollte also auch einen bestimmten Inhalt haben. Dieser sollte möglichst kurz und immer gleich sein. Manchmal kann man sogar über Jahre mit dem gleichen Satz sehr gut arbeiten. Denn mit der Fortentwicklung unserer eigenen Persönlichkeit ergeben sich über die Jahre hinweg oft völlig neue Einblicke in Weisheiten, die wir meinen, bereits zu kennen. Bei der Meditation sollten wir uns einen Platz der Stille suchen, wo uns wirklich nichts ablenken kann. Die Augen können geschlossen werden und Sie konzentrieren sich auf Ihren Meditationsinhalt, indem Sie sich diesen in Ihren Gedanken vorsagen. Beispiele für Sätze, die sich sehr gut für die Meditation eignen sind, wie oben bereits schon einmal erwähnt:

„Läutere ich meine persönliche Mondenschale,
so erstrahlt sie im Licht des Sonnenhaften,
das vom Mitmenschen ausgeht."

„Kriege führen auch die Bienen. Staaten haben auch die Ameisen.
Deine Seele sucht andere Wege, und wo sie zu kurz kommt,
da blüht dir kein Glück."

Nur durch eine Kräftigung unseres Innern sind wir in der Lage, die außen lauernden Konflikte zu bewältigen.

Immer sollte der Inhalt uns zu einem positiven Ziel führen. Er sollte ideale Ziele aussprechen und unser Bedürfnis nach Echtheit und Wahrheit erfüllen. Oft findet man Sätze, die auf mysteriöse Weise etwas aussprechen, was exakt auf einen zugeschnitten erscheint.

Wichtig bei der Meditation ist es, zu wissen, dass man sich auf einen spirituellen Pfad begibt. Die Meditation berührt immer das Übersinnliche. Grundsätzlich ist das eine heilsame Prozedur, wenn man auf dem Boden der Realität bleibt. Die Meditation ist vielleicht sogar der Königsweg, um der Grübelei entgegenzuwirken bzw. sie aufzulösen. Denn beim Grübeln denken wir fast unbewusst auf nebulöse Weise über abstrakte Probleme nach, auch wenn das Ausgangsproblem vielleicht tatsächlich einen echten Konflikt darstellte.

Es treiben uns Ängste und wir kreisen immer um die gleiche Sache, ohne je weiterzukommen. Beim Meditieren sind wir voll bewusst bei der

Sache, sind entspannt und beobachten uns selbst fast wie aus der Distanz auf objektive Weise. Der Inhalt ist vorgegeben und kann nicht einfach verändert werden. Auch dies fördert eine Objektivität in unserer Gedankenwelt. Der weisheitsvolle Satz ist wie eine Struktur, die uns immer wieder auf den richtigen Pfad zurückführt. Problematisch bei dem Thema des Übersinnlichen ist, dass unsere gesamte Gesellschaft das Wirken von geistigen Mächten zu leugnen versucht. Viele nennen diese geistigen Mächte auch Gott, was im Grunde nichts anderes bedeuten sollte.

Bedenken Sie bei der Meditation, dass Sie in Bereiche vorstoßen könnten, in denen Sie sich nicht auskennen. Sie sind dann bildlich gesprochen ein Säugling, der erst wenige Wochen alt ist. Vereinseitigungen, die in Ihrer Individualität liegen können, wirken sich auch in diesen Welten aus. Schon aus diesem Grund würde ich Meditationen immer nur im Zusammenhang mit dem Besuch einer seriösen Gruppe suchen, die sich mit diesem Thema befasst. Unterscheidet diese Gruppe von Interessierten nicht den östlichen von dem westlichen Weg des Meditierens, dann würde ich mich sofort weiter auf die Suche machen. Geisteswissenschaftler, auf die man wirklich zählen kann, fordern eine bestimmte Bedingung beim Beschreiten des spirituellen Pfades: Jeder Schritt in die geistige Welt sollte von drei moralischen Schritten begleitet werden. Ohne die „Läuterung" der Persönlichkeit werden Sie in diesen Bereichen niemals ein gutes Ziel erreichen. Auch hier soll Demut und Ernsthaftigkeit an den Tag gelegt werden. Niemandem nützen die „verdrehten Augen" von Meditierenden, weil sie angeblich in höhere Welten eingetaucht sein wollen.

Das Thema der Erlösung: Die Kirche hat schon in den 90er Jahren hinsichtlich der psychischen Erkrankungen und der stationären Behandlung der Patienten versucht, einen neuen Gesichtspunkt in die Therapie mit einzubringen. Man mag zur Kirche stehen, wie man will, es können auch sehr hilfreiche Anregungen aus dieser Institution kommen. Zumal gerade auf örtlicher Ebene die Arbeit der Geistlichen mit dem einzelnen Pastor oder Pfarrer „steht oder fällt". Der Einwurf war damals der Gedanke „der Erlösung" in der Psychotherapie.

Das heißt eigentlich nichts anderes, als dass man das Göttliche mit in die Problematik hineinnimmt. Der psychisch Erkrankte soll nicht auf einen festgefahrenen Weg geführt werden, denn Gott kann alles verändern und jeden Menschen zur Gesundung führen bzw. seine Lebenssituation bedeutend verbessern. Das wäre eine Möglichkeit der Erlösung für viele Betroffene, die sich selbst oft keine Hoffnung mehr geben. Denn ob Arzt oder Professor: So, wie ich denke und die Welt sehe, so greife ich auch in das Geschehen ein. Je weiter ich in meiner eigenen Entwicklung als Individuum bin, desto besser kann ich den kranken Menschen helfen.

Neue Wege in kritischen Situationen des Lebens

Dieses letzte Kapitel birgt unglaublich neue Erkenntnisse aus der Therapie. Hier geht es natürlich um mehr als nur das Grübeln. Dennoch ist es für jeden interessant, falls sich die eigene Lage einmal verschlechtert und man nicht weiß, wie es weitergehen soll. Aber auch so versteht man die eigene Psyche vielleicht schon viel besser. Vieles liegt nämlich in unserer Vergangenheit, in den Wunden, die das Leben uns zugefügt hat. Dort entstehen schon Verletzungen, die ein Hemmnis für unsere Entwicklung darstellen können. So sagt ja auch die Psychologie, dass vernarbte Wunden immer wieder aufbrechen können. Der folgende Weg ist nötig, wenn unser Denken so belastend wirkt, dass wir Probleme in unserem Alltag bekommen. Das können Depressionen, psychische Störungen, große innere Unruhe oder eben das krankhafte Grübeln sein.

Alles betrifft unsere Psyche oder Seele, je nachdem, wie man es gerne bezeichnet. Und meist findet man die Ursachen solcher Störungen in dem Bereich unserer Empfindungswelt. Die Gefühle sind immer sehr direkt und überlagernd. Unser Denken und unser Geist können sich nur schwer vor solchen starken Einflüssen schützen. Man kann das recht einfach an dem Beispiel unserer „guten Vorsätze" überprüfen. Oft nehmen wir uns vor, etwas Bestimmtes in unserem Leben zu verändern, sei es nun das Abnehmen, das Rauchen oder seien es andere unerwünschte Gewohnheiten. Vom Denken her haben wir kaum Probleme, zu dem Schluss zu kommen: „Das ändere ich ab heute". Aber letztlich tut sich gar nichts. Manchmal brauchen wir jahrelang oder schaffen es nie. Die guten Vorsätze sind unendlich schwer in die Realität umzusetzen. Auch Teilnehmer von Selbsthilfegruppen berichten von dieser Schwierigkeit. Vom Alkohol oder der Spielsucht kommt man nicht los, indem man sich einfach vornimmt, nicht mehr zu trinken oder zu spielen. Die „trockenen Teilnehmer" der Gruppen haben dafür den schönen Begriff der „Kapitulation". Der Druck aus der Tiefe unserer Seele ist so stark, dass wir mit unserem Denken hier nicht weiterkommen.

Die Alkoholiker und Spieler kapitulieren dann vor der Flasche oder dem Spielautomaten. Sie realisieren: Ich schaffe es nicht. Der Alkohol oder der Automat ist stärker. Ich kapituliere und gestehe ein, dass ich Hilfe brauche. Und genau das ist der Punkt, an dem sich das Blatt wendet. Niemand gesteht sich wirklich ein, dass er einem Problem nicht gewachsen ist. Doch genau das ist eines der wichtigsten Erkenntnisse für die Gesundung auch jedes anderen Menschen. Es ist so einfach – und doch so schwierig!

Lesen Sie nun, wie man schwerwiegendere psychische Probleme tatsächlich überwinden kann. Therapeuten aus den USA haben hier wichtigste Pionierarbeit geleistet. Und Sie werden staunen, wie man tatsächlich die „negativen Gedanken" bekämpft bzw. eben gar nicht bekämpfen kann. Natürlich sind diese Maßnahmen für kritische Lebenssituationen gedacht, aber auch bei leichten Störungen unseres Denkens und Gefühlslebens können hier Lösungsansätze gefunden werden. Haben doch alle psychischen Probleme, ob Depressionen, vermehrtes Grübeln, negatives Denken oder innere Unruhe meist ähnliche Ursachen. Wir versuchen mit unserem Verstand, unsere Emotionen zu untersuchen und zu verstehen. So einfach ist das aber nicht. Das Rätsel der menschlichen Seele ist für die wenigsten auch nur annähernd zu lösen. Es hat unmittelbar mit unserem Ich zu tun und die beeinflussenden Faktoren liegen in unserer Veranlagung, unseren Erfahrungen und in so vielen anderen Elementen, die wir überhaupt nicht in unserem Blickwinkel haben. Schon allein die Fragen „Wo kommen wir her?" oder „Wo gehen wir hin?" erweitern das ganze Labyrinth unseres Lebens ins Unermessliche.

Natürlich helfen Gespräche immer und können viele Menschen wieder zurückführen in ein normales Leben. Auch helfen Medikamente in kritischen Augenblicken, indem man die Patienten künstlich „herunterfährt". Ob dies der Weisheit letzter Schluss ist, kann allerdings angezweifelt werden. Den Menschen an den Punkt zu führen, wo er einsieht, dass er Hilfe braucht, ist oft der Königsweg in unserer Gesellschaft, so hart das dann auch ist. Die letztlichen Lösungen unserer Probleme werden jeden in Erstaunen versetzen. Wer hätte je gedacht, welcher kleine Durchgang für uns bereitsteht, um ein Leben in Zufriedenheit und innerer Ruhe zu erreichen? Sie müssen sich nur aufmachen zu diesem mühsamen Weg. Wer erlebte schon Abenteuer ohne Gefahr? Und bei jedem Abenteuer gibt es auch Phasen, bei denen wir durch die Finsternis tappen.

Sie möchten positive Gefühle erleben und denken: Mit positiven Gedanken, ohne zu grübeln, könnte ich dieses Ziel erreichen. Doch das kann eine folgenschwere Sackgasse sein. Wir betrügen uns selbst und blenden einfach das Grübeln und das negative Denken aus. Doch dieses Negative in uns ist ein Teil unserer Selbst, ob wir es wollen oder nicht. Zumindest haben diese Gedanken für uns eine gewisse Bedeutung. Eigentlich müssen Sie erforschen, warum diese Gedanken und das Grübeln in Ihnen sind und wie Ihr Leben in diese Schieflage gekommen ist. Unsere Gedanken sind auch ein Spiegel unserer Person und müssen daher als unerfreulicher Teil akzeptiert werden. In behutsamer Weise kann dann eine Veränderung eingeleitet werden. Sie erhalten dafür eine Reihe von Übungen, wie Sie mit diesen Gedanken umgehen können und dann später wie von selbst zu positiverem Denken kommen.

Erst einmal sind unsere Gedanken eine Folge der Erfahrungen, die wir im Leben gemacht haben. Dahinein spielt noch unsere Einstellung zum Leben eine Rolle. Auch dies ist ein „eingeübter" Prozess über Jahre oder Jahrzehnte. Jetzt meint man, dass das eigene Ich mit diesen Gedanken übereinstimmt, sozusagen wären wir selbst diese Gedanken. Das kann man aber auf keinen Fall behaupten. So, wie uns das Leben geprägt hat, so sind auch zum jetzigen Zeitpunkt unsere Gedanken.

Doch es gibt auch bestimmte Kräfte, die uns in diese oder jene Richtung lenken wollen. Das Denken des Menschen spielt sich in Bereichen ab, in denen uns tatsächlich fremde Kräfte beeinflussen. Ist Ihr Denken, als Werkzeug des Ichs, im Moment noch von vielen negativen Gedanken durchsetzt, so ist noch nicht der Zustand erreicht, der Sie zu einem erfüllten Leben hinführen kann. So ist es äußerst wichtig, zu lernen, dass die Gedanken nicht wir selbst sind. Sie sind nicht Ihre Gedanken, auch wenn Sie sie pflegen und sie in sich tragen.

Hilfreich ist es jetzt, sich ein Selbstbildnis aufzustellen. Dieses Bild kann sowohl negativ als auch positiv sein. Finden Sie negative Gedanken, ist es negativ; bei positiven Gedanken dann eben positiv. Alles wird umfangreich dokumentiert. So finden wir auch heraus, dass unser Ich ebensowenig mit unseren positiven Gedanken gleichzusetzen ist. Es gilt, aus diesem begrenzten Bereich unserer Gedanken förmlich herauszuspringen, wodurch wir eine umfassende Erkenntnis über uns selbst erlangen. Alle Gedanken, die uns durch den Kopf gehen, müssen von unserem Bewusstsein erfasst werden. Dieses Selbstbildnis sollte unbedingt aufgeschrieben werden. Wie sehe ich mich selbst und was denke ich über mich? Wer bin ich eigentlich und womit identifiziere ich mich im Leben?

Alles, was Ihnen dazu einfällt, können Sie aufschreiben. Nach der Erstellung dieses kompletten Bildes gehen Sie Schritt für Schritt die eigene Beschreibung durch und stellen sich dann die Frage: Wenn ich nicht das bin, was ich mir als Selbstbildnis aufgeschrieben habe, wer bin ich dann? Sie schauen in sich hinein und versuchen, der Wahrheit auf den Grund zu kommen. Das ist alles! Wenn Sie sich selbst hinterfragen, erkennen Sie die Wahrheit von selbst.

Nun kommen wir auf das so oft gepredigte „positive Denken“, das in Wahrheit eine selbstzerstörerische Wirkung hat. Wie wir schon gesagt haben, ist unser negatives Denken ein Ergebnis unserer Erfahrungen und unseres ganzen Lebens. Somit gehört es auch irgendwie zu uns selbst und kann gar nicht ignoriert oder weggedrängt werden. Es geht in Wirklichkeit um ein bewusstes Erkennen und Durchleben dieser Dinge. Dabei werden viele leidvolle Gefühle hervorkommen. Jetzt kann man sich die Frage beantworten: Wo ist eigentlich der Grund dafür, dass ich positiv denken möchte? Warum grübele ich so viel? Dies führt uns direkt hin zu unseren Schwächen, die sich wahrscheinlich niemand gerne eingestehen möchte. Ihre eigenen Schwächen können Sie aber nicht unterdrücken oder ausblenden. Ein liebevoller Umgang mit uns selbst ist notwendig. So rücksichtsvoll mit sich selbst umzugehen, muss ja sein, denn dieser liebevolle Umgang wäre es eben nicht, wenn wir uns in diesen Bereichen nicht selbst auch akzeptieren. Sind Sie nicht im Einklang mit sich selbst, ist der Wunsch nach einem „positiven Denken" auf keinen Fall zu empfehlen. Die dunkle Seite Ihrer Seele muss zuerst angeschaut werden und dann folgt ein „Aufräumen" in diesem Bereich. Das positive Denken ist nämlich einfach nur ein Ergebnis, welches sich von selbst einstellt. Da kann man nichts formen oder lernen, sondern es ist plötzlich da. Das positive Denken ist kein Lösungsweg, wie oft vermutet. Es ist einfach ein Zustand. Dieses Denken stellt sich von selbst ein, wenn Sie ganz mit sich selbst im Reinen sind.

Aus diesem Grund ist es viel wichtiger, sich diese negativen Gedanken anzuschauen und sie gründlich zu erforschen. Es geht um Ihre Erfahrungen und Verletzungen, die Sie in den jetzigen Zustand hineingeführt haben. Diese ganzen Verwicklungen und Wunden aus dem eigenen Leben müssen gelöst werden. Der schwere Rucksack, den wir in unserem Leben mit uns herumtragen, kann leichter werden. Die Last wurde über die Jahre und Jahrzehnte hinweg immer schwerer und Sie können sich des Inhalts immer mehr entledigen. Es entsteht letztlich eine Leichtigkeit, bei der sich das positive Denken von selbst einstellt.

Sind diese „Aufgaben" abgearbeitet und haben Sie alles verstanden, dann könnten Sie bereit sein für die nächsten Schritte! Aber bitte erst dann lesen Sie weiter!

Das Fundament für die positiven Gedanken sieht folgendermaßen aus: Beachten Sie das, was jetzt schon da ist! Das wichtigste und schönste Gesetz des Lebens lautet: Alles, was Ihnen widerfährt, hat etwas mit Ihnen selbst zu tun. Die Unterdrückung von Gefühlen, das Ausblenden von negativen Gedanken, das Ignorieren, dies alles ist keine wertvolle Umgangsform mit uns selbst. Damit führen wir immer einen Selbstbetrug durch. Sie müssen versuchen, im Alltag immer wieder in den Moment des Aufwachens zu gelangen. Dabei erkennen Sie ganz bewusst Ihre Gedanken, ohne dass dabei eine Bewertung stattfindet. Praktisch erfolgt eine ruhige und neutrale Betrachtung unserer selbst. Es wäre Ihnen lieber, Sie hätten positive Gedanken, doch nun sind es gerade negative Gedanken. Der Begriff Aufwachen meint, dass Sie hier und jetzt in der Realität sind und Sie auch in diese Realität bewusst eintreten möchten.

Folgende Punkte kann man sich nun in das Bewusstsein rufen: Diese Gedanken, dass bin nicht ich. Sie gehen nur einfach in mir vor und sie gehören in den Bereich meiner vergangenen Erfahrungen. Die Aufgabe ist es jetzt nur, diese Gedanken liebevoll wahrzunehmen. Irgendwann werden Sie dann bei dieser Vorgehensweise merken, dass sich Ihr Denken verlangsamt. Es ist wie ein großes Meer, das praktisch verebbt und sich damit zurückzieht.

Solch eine neue Wahrnehmung in ein gesteigertes Bewusstsein kann bewirken, dass es Ihnen plötzlich schwerfällt, Ihr Denken weiter geschehen zu lassen. Es sei einfach, wie es ist, und lassen Sie es so geschehen, ohne sich dafür zu bestrafen. Sie denken gerade so, wie es Ihr Zustand zulässt und die Lösung lautet nämlich: Liebe.

Nehmen Sie es einfach mit Liebe wahr: Das, was in Ihnen vorgeht, ob Gedanken oder Gefühle. Die neutrale Wahrnehmung ist ein Licht, welches alle Illusionen entlarvt und als unsinnig hinstellt. Dazu gehört auch das negative Denken. Eine Erfahrung knüpft sich daran: Es gibt eine innere Wahrheit, die Sie durch solche Konflikte führt. So kann man jetzt sogar sagen, dass diese negativen Gedanken genutzt werden können. Und zwar kurioserweise für unsere Heilung! Die ganzheitliche Sicht ist nötig! Ihre Seele muss gereinigt und der negative Müll muss ausgemistet werden. Damit heilen Sie sich praktisch selbst und das gewünschte positive Denken stellt sich ohne weiteres zu tun von selbst ein. Hierzu gibt es eine sogenannte „Anleitung“, um Ihre negativen Gedanken in Liebe zu verwandeln:

Leben Sie bewusst! Spüren Sie auf, was für ein Gefühl bestimmte negative Gedanken in Ihnen auslösen. Alles das gelangt dann in Ihr Bewusstsein und Sie können versuchen, aufzuwachen. Das Aufwachen reißt Sie aus

Ihrem automatischen Denken heraus und Sie können der Ursache für das Auslösen dieser Gedanken auf den Grund gehen. Dieses Gefühl kann in Liebe angenommen werden, ohne dass Sie eine Bewertung vornehmen. Darauf folgt eine Selbstbefragung über die eigene Vergangenheit. Woher kennen Sie dieses Gefühl und diese Gedanken? Erinnerungen, die sich jetzt vielleicht an die Oberfläche hervorarbeiten, sollten genau betrachtet werden.

Dieser Moment kann ganz neutral wahrgenommen werden und es werden sicherlich Bilder aufsteigen, die man vor seinem inneren Auge ablaufen lassen kann. Mit Ihrer heutigen Erfahrung können Sie diese Situation vor sich ausbreiten.

Diese Sicht hilft jetzt, tiefer in das Gefühl hineinzugehen, welches in der Vergangenheit entstanden ist. Nun erspüren Sie dieses Gefühl so lange, bis es von selbst wieder geht. Solch eine Reaktion kann sich deshalb von selbst vollziehen, weil Sie aufhören, aktiv weiterzudenken. Dabei vermeiden Sie es, auf Gedanken einzugehen, die mit Ärger, Rache und Wut zu tun haben. Solche Reaktionen verstricken einen nur in unwichtige Problemszenarien. Tauchen Sie nun noch tiefer in Ihre Gefühlswelt ein, bis Sie auf Ihre Verletzungen treffen. Hier fühlen Sie jetzt Ihre Verzweiflung in der Vergangenheit. Sie fühlen Hilflosigkeit und Sie fühlen Ohnmacht. Aber nun können Sie sich eben bewusst machen, dass Ihre heutige Lage eine andere ist. Jetzt kümmern Sie sich selbst um Ihre Bedürfnisse und stehen für sich selbst ein. Was aber ist es, das Ihnen damals so fehlte? Was hätten Sie so dringend gebraucht? Dieses Gefühl der Hilflosigkeit oder Ohnmacht sollten Sie jetzt suchen und sich selbst das geben, was Ihnen einst so gefehlt hat. Dabei hat es sich als hilfreich herausgestellt, wenn man in diesem Augenblick seine beiden Hände auf die Mitte der Brust legt.

Solche seelischen Prozesse brauchen natürlich viel Zeit. Achtsamkeit ist dabei wichtig, die Achtsamkeit auf sich selbst und ein ruhiger Umgang mit den eigenen Empfindungen. Lassen Sie sich dabei viel Zeit. Die Zeit sollte dabei auch deshalb keine Rolle spielen, da Sie sich selbst viel mehr Wert sein sollten. Jetzt kann man schon an den Punkt gekommen sein, wo die Lösung aller Probleme möglich ist. Der liebevolle Umgang mit sich selbst steht dabei immer im Mittelpunkt und sollte ständig in Erinnerung gebracht werden.

Wie aber schaffen Sie es jetzt, dass Sie liebevoller mit sich umgehen? Darin schließt sich ein, alle Ihre Gefühle anzunehmen und sozusagen „durchzufühlen". In diesen Augenblicken sehen Sie, dass Gedanken und Gefühle tatsächlich eine Einheit sind. Sie sind eins! Sie spüren vielleicht, dass es da verschiedene Ebenen gibt, auf denen sich bestimmte Gedanken und Gefühle „tummeln". Sie gehören nichtsdestotrotz untrennbar zueinander und wirken wechselseitig auf sich ein.

Werden die Wunden geheilt, so hat das folgende Auswirkungen: Sie bekommen ein positives Lebensgefühl, dass sich von selbst einstellt. Das beinhaltet eine wachsende Freude und einen inneren Frieden. Es entsteht eine Art Leichtigkeit in Ihrem Leben. Der liebevolle Umgang mit sich selbst zieht eine beginnende Heilung nach sich. Es gibt auch noch einige Übungen, die diesen Zustand leichter herbeiführen lassen bzw. ihn dann verfestigen. Das sich wie von selbst einstellende positive Denken kann sich nun entfalten und bei Ihnen bleiben. Schon nach etwa acht Wochen Durchführung dieser Übungen können sich beachtliche Erfolge einstellen. Natürlich geschieht auch schon in den ersten Tagen und Wochen viel Positives, was Ihnen Mut gibt, weiter an dieser Sache zu arbeiten.

ÜBUNGEN:

(1) Thema: Gedanken aufschreiben

So, wie Sie es schaffen, sollten Sie jeden Tag Ihre Gedanken aufschreiben. Dies schafft für Sie eine Bewusstheit über die eigene Gedankenwelt. Ein „Sich-selbst-bewusst-sein" führt eben zu einem Selbstbewusstsein. Ein recht grundlegender Schritt, und auf jeden Fall der wichtigste, um Ihr Denken und Fühlen in eine bestimmte Bahn zu lenken. Auf einen Weg in die Positivität!

Dieser Bericht über sich selbst oder eben dieses Tagebuch sollte möglichst am Morgen geführt werden. Die Zeit, die man dafür benötigen oder einplanen sollte, liegt bei 15 bis 30 Minuten. Alles, was einem dabei durch den Kopf geht, kann aufgeschrieben werden. Natürlich sollten Sie eine neutrale Betrachtung durchführen. Das ist sehr wichtig, denn es soll eben keine Bewertung vorgenommen werden. Es ist allein die Aufnahme der eigenen Wahrnehmung in schriftlicher Form.

(2) Meditation und Beobachtung Ihrer Gedanken

Die Meditation ist ebenfalls eine sehr gute Methode, um Ihre Gedanken in einer liebevollen Weise zu betrachten. Hierfür sollten Sie etwa 15 bis 30 Minuten am Tag einplanen. Sie setzen sich hin, schließen vielleicht die Augen und begeben sich in die Welt Ihrer Gedanken. Wieder ist es am besten, wenn man eine einfache Wahrnehmung vornimmt.

(3) Sehen Sie das Positive

Haben Sie ein Problem, das Sie hin und her wälzen? Dann versuchen Sie, genau in diesem Moment der „Grübelei“ das Positive darin zu sehen. Schauen Sie nun in einer gesteigerten Bewusstheit auf dieses Phänomen, so erkennen Sie, dass jede dieser Situationen immer zwei Seiten einer Medaille hat. Sie können die Medaille von der einen Seite betrachten, genauso gut aber auch von der anderen Seite. Sie begegnen im Leben kniffligen Situationen, die ein Problem darstellen und erfahren ein Leid.

Sie können aber die Situation auch nutzen, um über sich hinauszuwachsen. Tatsächlich werden so viele Probleme eher zu Herausforderungen, welche bewältigt werden können. Wichtig ist eben nur, dass man sie mit einem positiven Gefühl angeht. Ein wirkliches Leid entsteht immer nur dann, wenn Sie den Ist-Zustand nicht akzeptieren und versuchen, dagegen anzugehen. Sie wollen dann das nicht wahrhaben, was Sie selbst eigentlich erkannt haben, zumindest erkannt hätten, wenn Sie wach gewesen wären. Nehmen Sie die Realität so an, wie sie ist, und finden Sie wirklich das Positive darin.

(4) Dankbarkeit üben

Es mag abwegig klingen, aber die meisten Menschen haben es tatsächlich nicht gelernt, dankbar zu sein. Den meisten fehlt das Bewusstsein darüber, wie groß eigentlich die Fülle in unserem Leben ist (Die alten Klassiker wussten es scheinbar viel besser als wir heute. So sprach Theodor Storm im 19. Jahrhundert aus: „Wie schön ist Gottes Welt und jedes seiner Werke"). Solch ein seelischer Defekt führt uns in eine Leere und Traurigkeit. Mit einer „Dankbarkeits-Übung" sollen Sie versuchen, schon am Morgen über sich selbst nachzudenken.

Finden Sie einfach sieben Dinge in Ihrem Leben, die Sie in diesem Augenblick tatsächlich bereichern und für die Sie dankbar sein können, dass es sie gibt. Dadurch erweitern Sie Ihre Sichtweite für die gerade angesprochene Fülle des Lebens. Sie gewöhnen sich dadurch an, sich darüber zu freuen, was Sie jetzt gerade an Ihrem Leben haben. Diese Übung fördert gerade die positiven Gefühle, die Sie sich sicherlich ersehnen.

(5) Meiden Sie negative Einflüsse

Wie bereits erwähnt, ist Ihr Denken ein Spiegel für Sie selbst. Vermeiden Sie alle negativen Einflüsse, deren Auswirkungen Sie nicht wirklich verarbeiten können. Negative Gedanken können einen nämlich immerzu beschäftigen, wenn man diesen nicht Einhalt gebietet. Durch positive Einflüsse können Sie sicherlich auf kurze Sicht die eigene Situation im Gleichgewicht halten.

Die negativen Einflüsse sind dann vielleicht abgemildert, aber das ist nicht der wahre Weg! Das Knäuel Ihrer Gedanken gilt es zu entwirren, und die Quelle der negativen Einflüsse muss ausgemacht werden. Gehen Sie in die Tiefe und auf den Grund Ihrer Seele, anstatt die Probleme einfach nur zu bedecken. Wenn Sie in Ihr Inneres hineinhorchen, lassen Sie auf diesem Weg alles aus, was Sie negativ beeinflussen könnte. Dies können verschiedenste Medien sein, wie der Fernseher, das Smartphone, der Computer oder die Zeitung. Es können berufliche Bereiche betroffen sein oder auch bestimmte Menschen, die Sie in problematische Situationen lenken.

Sie brauchen einfach viel Zeit, dieses Kapitel Ihres Lebens abzuschließen. Erst dann sind Sie wirklich in der Lage, diesen ganzen Einflüssen etwas entgegenzusetzen oder aber sie gegebenenfalls zu meiden. Alles Energieraubende muss auf ein Mindestmaß reduziert werden. Diese Kräfte, die Sie negativ beeinflussen, können selbst Freunde oder Mitglieder Ihrer Familie sein. Die Geschwister, die Mutter, ganz egal, Sie dürfen sich auf keinen Fall "herunterziehen" lassen. Gerade in der Familie gibt es ja oft eingespielte Rollenverhalten, die Neues ungern zulassen. Sie haben das gute Recht dazu, sich diesen Einflüssen für eine gewisse Zeit ganz oder zum Teil zu entziehen.

Auch in Therapien ist diese Maßnahme sehr oft ein probates Mittel, um die Patienten erst einmal ganz zu sich zu bringen, ohne dass Störfaktoren den Therapieerfolg gefährden. Das ist nichts Bösartiges, sondern es hilft bei der Heilung und kann sich über einen langen Zeitraum hinziehen. Diese Zeit brauchen Sie, um die Wunden zu heilen. Sie sind dann über die „Hürde Ihres Lebens“ hinweg, wenn die vernarbten Wunden keine negativen Emotionen mehr in Ihnen auslösen.

Das Ganze ist hoffentlich eine Inspiration für Sie und nicht nur Sie allein haben eine lange Zeit vor sich, bis sich das positive Denken einstellen kann. Nochmal: Das „positive Denken“ ist in keinem Fall ein Werkzeug, um Ihr Leben zu verbessern! Dies ist nicht nur ein Klischee, sondern ein riesiger Irrtum. Schauen Sie auf das „Negative“ und heilen Sie es! Das ist der Zauberspruch! Das Negative in Ihnen ist nicht unbedingt negativ, sondern es wird erst durch Ihre Beurteilung dazu. Durch die richtige Auseinandersetzung mit den „negativen Gedanken“ wird dann für uns ein echtes Leben möglich.

RESÜMEE

Diese Form der Therapie aus den USA ist revolutionär! Sie geht der Problematik wirklich auf den Grund. Nur, wer das Seelenleben der Menschen kennt, kann überhaupt Wege aufzeigen, die uns zu einer Gesundung führen. Das Thema um unsere „negativen Gedanken“ wird immer mehr zu einem wichtigen Thema in unserer Gesellschaft. Unser Leben ist mehr und mehr vom „Kopf gesteuert“ und damit stehen natürlich unsere Gedanken im Fokus der Betrachtung.

Schon Friedrich von Schiller erkannte vor über 200 Jahren die Tendenz in unserer Zeit und rief nicht umsonst aus: „Wer den Geist auf Kosten seiner Seele schult, Freunde, dem wollen wir seinen Erfolg nicht neiden!“ Es geht um Karriere, Erfolg, Geld, Macht und Ruhm, doch es geht dabei nicht um das Glück. „Das Glück kann man nur behalten, wenn man es weitergibt.“ Das Glück hat etwas Soziales, etwas Mitfühlendes, etwas Selbstloses. Je mehr man es für sich selbst will, desto mehr entfernt es sich von einem.

Ein wichtiger erster Schritt ist immer die Bewusstmachung unserer Existenz und damit auch unserer Gedanken. Dazu gehört, dass die Gesellschaft dieses Thema nicht verschweigen darf. Jeder, der daran rührt, erfährt oft eine unsichtbare Mauer des Schweigens oder gar der Ablehnung. Im Grunde lässt sich daran schon erkennen, wie sehr auch die anderen Menschen bezüglich ihrer Gedanken und ihrer Psyche nicht im Reinen mit sich sind. Gerade, wer eine starke Abwehrhaltung einnimmt, verrät, dass er selbst in der gleichen Problematik steckt.

Diese unbekannten Wege müssen Sie oft einsam beschreiten und es wird niemand am Wegesrand stehen und Ihnen Beifall klatschen. Eigentlich ist es doch ein unglaubliches Abenteuer, wenn selbst Ihnen nahestehende Menschen gar nicht realisieren, was für eine Herkules-Aufgabe Sie da gerade angehen. Eine tiefe Weisheit, die dieses Thema unmittelbar berührt, ist auch der Ausspruch: „Die Bereitschaft zu Leiden wendet den Konflikt in die Positivität“.

Wenn Sie Menschen treffen, die auch mit Ihren Gedanken kämpfen, damit Probleme haben und natürlich bereit sind, sich auszutauschen, so sprechen Sie sie ruhig an. Ich möchte mich zum Schluss für Ihr Interesse bedanken und hoffe für jeden, dass er seinen guten Weg macht. Wer will, kann natürlich gerne dieses Buch weiterempfehlen.

Trotz allem sind auch dies hier immer nur Tipps, die weitergegeben werden, und es kann niemals garantiert werden, dass es bei jedem Einzelnen funktioniert. Bei jedem Fortschritt in unserer Selbsterkenntnis kommt es immer auf uns selbst an. Das Wort sagt es ja schon, dass wir es „selbst" machen. Und das ist auch gut so. Würden es andere bewerkstelligen, wäre es nichts und es würde uns nicht helfen.

Wenn man merkt, dass man nicht in der Lage ist, diese Probleme zu bewältigen oder sie sich sogar noch verschärfen, ist es auf jeden Fall angebracht, sich professionelle Hilfe zu holen. Das muss so sein und das ist dann auch richtig. Vielleicht ergibt sich später ein besserer Zeitpunkt, um für sich tiefer in die „Materie" einzusteigen. Denn auch das Leben, der Alltag, ist jederzeit eine große Hilfe in unserer Entwicklung. Der Weise sagt sogar: „Der Alltag ist der Weg der Einweihung in die tiefsten Geheimnisse." Eigentlich ist alles, was wir brauchen, immer in unserer unmittelbaren Umgebung vorhanden, wenn wir es denn sehen!

Quellenverzeichnis

(A)Internet: (Wikipedia) https://de.wikipedia.org/wiki/Gr%C3%BCbeln

(B)YouTube, Depressives Grübeln: Ätiologie und Behandlung, Stillachhaus Privatklinik GmbH, Interview 2019, Dr. Tobias Teismann, Internet: https://www.youtube.com/watch?v=WTL7ICj4vGs

(C)Süddeutsche Zeitung, November 2013, Heft 47/2013, Till Raether, Internet: https://sz-magazin.sueddeutsche.de/gesellschaft-leben/im-kreis-zum-ziel-80059

(D)Utopia Ratgeber, 29.Januar 2021, Sarah Beekmann,

Internet:https://utopia.de/ratgeber/antriebslosigkeit-ueberwinden-ursachen-symptome-und-loesungen/

(E)Homöopathie, „Heilpraxis“, Das Fachportal für Naturheilkunde und Gesundheit, Dr. Utz Anhalt, Internet: https://www.heilpraxisnet.de/symptome/staendiges-gruebeln-kreisende-gedanken/

(F)Heilpraxis „IMPULS“, Sonja Becker, Heilpraktikerin, Miniserie, Blog von 2017, Internet: https://www.heilpraxis-impuls.de/index.php/block/miniserie-chinesische-medizin-fuer-den-alltag-teil-2-verdauungsbeschwerden-konzentrationsstoerungen-und-gruebelei

(G)Netdoktor.at, Home/Gesund & Fit/Gesunde Ernährung, Axel Beer, August 2016, Internet: https://www.netdoktor.at/gesundheit/gesunde-ernaehrung/vitamin-d-fakten-6890490

Wir danken Ihnen für Ihr Interesse und Ihr Vertrauen. Als Dankeschön dafür, haben wir eine besondere Überraschung. Wir haben einen **ultimativen Guide, um ein „neuer" Mensch zu werden - Inklusive 30 Tage Challenge, um alte Gewohnheiten abzulegen.** Und diesen erhalten Sie vollkommen kostenlos. Das klingt wunderbar? Dann warten Sie nicht lange und holen Sie sich Ihr Gratis-Geschenk.

Hier geht es zu Ihrem Gratis-Geschenk:

https://forms.gle/mocvT7uQ4qLRyAta8

1. **Öffnen Sie die Kamera-App auf Ihrem Smartphone und richten Sie die Kamera auf den QR-Code.**
2. **Klicken Sie auf den Link, der Ihnen angezeigt wird und schon werden Sie zur Website weitergeleitet.**

Impressum

Herausgeber: Pegoa Global Media GmbH / Am Sandtorkai 27 / 20457 Hamburg
Kontakt: kontakt@pegoamedia.de
Coverbild: Shutterstock

Haftungsausschluss:
Die Nutzung dieses Buches und die Umsetzung der enthaltenen Informationen, Anleitungen und Strategien erfolgt auf eigenes Risiko. Der Autor kann für etwaige Schäden jeglicher Art aus keinem Rechtsgrund eine Haftung übernehmen. Haftungsansprüche gegen den Autor für Schäden materieller oder ideeller Art, die durch die Nutzung oder Nichtnutzung der Informationen bzw. durch die Nutzung fehlerhafter und/oder unvollständiger Informationen verursacht wurden, sind grundsätzlich ausgeschlossen. Rechts- und Schadenersatzansprüche sind daher ausgeschlossen. Dieses Werk wurde sorgfältig erarbeitet und niedergeschrieben. Der Autor übernimmt jedoch keinerlei Gewähr für die Aktualität, Vollständigkeit und Qualität der Informationen. Druckfehler und Falschinformationen können nicht vollständig ausgeschlossen werden. Es kann keine juristische Verantwortung sowie Haftung in irgendeiner Form für fehlerhafte Angaben vom Autor übernommen werden. Die bereitgestellten Analysen, Vorschläge, Ideen, Meinungen, Kommentare und Texte sind ausschließlich zur Information bestimmt und können ein individuelles Beratungsgespräch nicht ersetzen. Alle Informationen dieses Buches entsprechen dem Kenntnisstand zum Zeitpunkt des Verfassens dieses Buches. Eine Haftung für mittelbare und unmittelbare Folgen aus den Informationen dieses Buches ist somit ausgeschlossen.
Informieren Sie sich weitläufig aus unterschiedlichen Quellen und bedenken Sie, dass am Ende nur Sie für die Entscheidungen verantwortlich sind.

Haftung für externe Links:
Unser Angebot enthält Links zu externen Websites Dritter, auf deren Inhalte wir keinen Einfluss haben. Deshalb können wir für diese fremden Inhalte auch keine Gewähr übernehmen. Für die Inhalte der verlinkten Seiten ist stets der jeweilige Anbieter oder Betreiber der Seiten verantwortlich. Die verlinkten Seiten wurden zum Zeitpunkt der Verlinkung auf mögliche Rechtsverstöße überprüft. Rechtswidrige Inhalte waren zum Zeit-punkt der Verlinkung nicht erkennbar.